朝日新書
Asahi Shinsho 788

学校制服とは何か

その歴史と思想

小林哲夫

朝日新聞出版

はじめに

2020年4、5月、全国のほとんどの高校は閑散としていた。

新型コロナウイルス感染拡大防止のため、入学式、新学期からの教室での授業は行われなかったからだ。1年生は新しい制服の袖を通すことはできないのか。そう思いきや……。

山梨県で制服着用について対照的な取り組みを行っている学校があった。

まず、山梨英和中学校・高校である。感染拡大防止のため自宅でオンライン授業を受ける際も、制服を着なければならなかった。学校はこう告知する。

「生徒たちは各ご家庭で授業を受けますが、朝の礼拝から一日が始まり、1時間目から「時間割どおり」に授業を受けています。登校するときと同じく制服を着用して、身も

心も引き締めて頑張ってオンライン授業に臨んでいます」（同校ウェブサイト2020年5月1日）

一方、山梨学院高校は、衛生面を考えて私服で登校するように呼びかけている。

「分散登校時の服装につきましては、制服の着用を避けていただき、体育着や私服など、その日に着たものを洗える服装で登校してください。なお、活動時の安全のため、必ず靴下と靴の着用をお願いいたします」（同校ウェブサイト2020年5月8日）

オンライン授業での制服着用は、学校にとって制服は教育、しつけの一環として重要な位置付けにあることを示している。郁文館《いくぶんかん》中学校・高校（東京）はオンライン授業の様子をこう伝える。

「身だしなみの確認も授業中に行います。生徒はみな制服を着て授業を受けています。学校での授業と同じ状態で「家庭授業」を行う目的は、「メリハリを付ける」ことと、

「程よい緊張感を保つ」ことです」（同校ウェブサイト2020年4月20日）

他校はどうだったろうか。進学校でオンライン授業に力を入れた渋谷教育学園幕張中学校・高校（千葉）、西大和《にしやまと》学園中学校・高校（奈良）はいずれも「私服です。授業の準備に忙しく、そんなことを考える余裕はなかった」という旨の話だった。オンライン授業で制服着用を義務づけた学校数についての調査データはない。この時期、高校教師50人近くと話す機会はあったが、オンライン授業では私服OKがほとんどだった。感覚的な物言いではあるが、制服着用はきわめて少数派であろう。

もっとも、1年生はすこし違ったようだ。都立武蔵野北高校の1年生最初の授業ではどのクラスも新入生は制服を着ていた。学校は制服着用を指示しているわけではない。同校の伊東龍司校長はこう話す。

「びっくりしました。心洗われる思いで感動しました。これが制服のもつ力でしょう。新入生が学校に期待している表れです。制服は生徒を縛るものではない。生徒の心のなかに入っていくものだとあらためて認識しました」

前任の学校では途中まで私服通学が認められていたので、なおさらそう思ったのだろう。

一方の山梨学院高校では、私服通学措置について、同校の吉田正副校長は報道番組の取材でこう話している。

「特に女の子はおしゃれを気にしたりとか、楽しみにしている子もいるので、これも新しい生活の仕方だと思う」(「FNNプライムオンライン」2020年6月8日)

私服通学はとくに「新しい生活の仕方」というわけではない。現在、校則に制服着用についての規定がなく、私服で通える学校がいくつかある。

JR中央線国立駅を降りて15分ほど歩くと、通りをはさんで都立国立高校、私立桐朋高校がある。登下校時になると通りは高校生であふれる。地元の人からすれば見慣れた光景だが、初めてこの街を訪れる者には、不思議な光景に映ることがあるようだ。

国立、桐朋いずれの生徒も制服を着ていない。色とりどりの私服を着ている。両校とも私服通学が認められているからだ。茶髪も見られる。

制服自由の学校について、私立は麻布、女子学院、武蔵、灘《なだ》、甲陽学院、東大寺学園など、公立では札幌南、秋田、仙台一、仙台二、西、戸山、長野、松本深志、長岡、旭丘、天王寺など、国立では筑波大学附属、筑波大学附属駒場などがある。なぜか著名な進学校が多い。だが、国立駅周辺を行き交う私服姿の高校生のシーンは、全国ではあまり見られない。


そもそも学校の制服とは何だろうか。

本書ではさまざまな観点から制服についてアプローチした。

制服はどうやって定められたか制服史を振り返るとともに、いま、制服にとってどういったことがトレンドなのか、制服モデルチェンジの歴史と現在、学校が高校生に着てほしい制服、高校生が大好きな制服、制服メーカーが作りたいデザインなどの最新情報を詳しくレポートした。一方で制服を自由化した学校、自由化から制服を復活させた学校を検証し、制服のあり方について問題提起した。

最後に、これらをまとめながら制服が教育の世界にどのようなインパクトを与えてきたか、「制服の思想」として考察してみた。

本書によって高校の通学服について、知る、考える、あるいは、楽しむことができれば幸いである。

〈本文中、高校名は原則として正式名称で表記したが、「高等学校」は「高校」と記した。また、「中学校」「高等学校」の部分を省略したり、筑波大学附属駒場→筑駒、渋谷教育学園幕張→渋幕など、略称で記したところがある。学校関係者（校長、教頭）の発言は2020年内のものである〉

学校制服とは何か　その歴史と思想

目次

図版／谷口正孝

第1章

制服モデルチェンジの論理

制服が変わることを、制服メーカーや学校では「制服モデルチェンジ」と呼んでいる。「リニューアル」という言い方もあるが、既存の制服を大きく変えるという意味では、「モデルチェンジ」のほうがしっくりくるようだ。自動車の「フルモデルチェンジ」に近い感覚だろう。

制服モデルチェンジが象徴的に語られた学校がある。東京都内にある頌栄《しょうえい》女子学院中学校・高校、嘉悦女子中学校・高校（現、かえつ有明中学校・高校）だ。1980年代、タータンチェックのスカートを採り入れて、小中学生、高校生のあいだで「かわいい」と評判になり、志願者が大幅に増えたからだ。もちろん、制服を変えただけではなく、教育内容を充実させている。

頌栄女子学院――タータンチェックの衝撃

頌栄女子学院中学校・高校は1982年、これまでのセーラー服を一新した。同校の学校史にこんな記述がある。

「今の日本では制服をセーラー服にしている女子校が多数あるために、「セーラー服」

が女子中学生または高校生の代名詞として使われる有り様で、まるで国が制定した国民服のようである。創立一〇〇周年までにはこの「国民服」を頌栄から追放したいと考えた院長は、昭和五十七年（一九八二）の四月から、中学校も高等学校も一年生に新制服を着用させた。この年の新入生は、タータンチェックのキルトスカートに紺のブレザーコートで入学式に臨み、参列した在校生のセーラー服と際だった対比を見せた」（『頌栄女子学院百年史』1984年）

新制服のデザインのアイデアは前院長で、同校創立者の孫にあたる岡見如雪氏によるものだ。当時、頌栄女子学院はイギリスのウインチェスターに合弁のカレッジを創設しようとしていた。岡見院長は頻繁に渡英し、イギリスから提携校関係者がよく来日した。このとき、イギリス人が頌栄女子学院のセーラー服を見てこう話したという。「軍服を着ているようで奇異な感じがする」。そこで、岡見院長は制服を変えようと思い立ち、イギリスの古い私立学校の制服がいいのではないか、とひらめいた。さっそくイギリスからタータンチェックの生地を取り寄せて、新制服の構想を練る。

デザインは頌栄女子学院の制服を手がけてきた三越に頼んだ。いまとなってはデザイナーが特定できない。当時、頌栄女子学院入職3年目の美術科の伊賀﨑真教諭（現、副校長）にエンブレムの作成を命じた。彼は武蔵野美術大油絵科出身だが、デザインに対する造詣が深かった。

頌栄女子学院をたずねて伊賀﨑副校長から話を聞いた。

「たいへんな評判となり、マスコミや受験雑誌に取り上げられることもありました。冬休みに奈良、京都に研修旅行へいったときのことです。奈良公園を見学したら、観光客が鹿ではなく生徒のあとについてくるのです。バチバチ写真を撮られました。年配の女性が近寄って生徒のスカートをさわって品質を確かめていました」

頌栄女子学院はタータンチェックのスカートも話題になったが、このころ取り組んでいたさまざまな学校改革による教育成果が評価され、より入試難易度が高まり難関校になっていく。

「制服がかわいいから」と注目されたことについて、学校経営者はこれをもっと利用しない手はない、と考えそうなものだが、岡見院長は違った。伊賀﨑副校長がふり返る。

「制服人気で偏差値が上がったといわれるのを院長はとても嫌っていました。教育内容を見てほしかったのでしょう。学校パンフレットに制服写真をいっさい出さなかった時期があるぐらいです」

頌栄女子学院の制服への注目が落ち着いた1990年代、学校にとってやっかいな問題が起こった。制服の変形、スカートを短くする生徒が現れたのである。同校の生活指導部はミニスカートを厳しく指導しようとしたが、院長は「かわいいからそのままでいい」と言うばかりだった。このあたりの事情を伊賀崎副校長が説明する。

「セーラー服の時代、枠からはずれ気味の生徒がスカート丈を長くしていました。学校はモノサシを持ってきて丈を短くするように言います。そして、今度はミニスカートで丈を測って長くするように言うようになった。院長はスカート丈を検査するのはあか抜けないことで、また同じことをするのかと、嫌がりました。院長と指導部は意見が違っていました」

1982年のモデルチェンジから40年近く経った今日まで、制服のデザインはほとんど変わっていない。2020年代のいま、スカート丈は伝統的なイギリスの巻きスカートの長さをキープしている。

頌栄女子学院の制服はすっかり定着し、注目されることは少なくなったが、制服マニアのあいだでは根強い人気がある。そして、学校制服には市場が成り立っている。特定の学校の制服の売買が行われ、卒業して不要になった制服を買い取る企業がある。高く売るためだ。ネットでは制服オークションもある。頌栄女子学院の制服は10万単位の値がつくことがある。

制服は学校のものではない。生徒のものである。制服の管理は生徒に委ねられる。このような考え方をふまえて、頌栄女子学院では卒業式後の謝恩会で校長が毎年、こう説いている。「制服は学校、生徒にとってたいへん大切なものです。学生時代の大事な思い出として、一生もっていいてほしい。手放さないでほしい」。

伊賀﨑副校長が解説する。

「制服はパーソナルなものであり、企業のユニフォームとは違う。個人がしっかり管理しなければならない。姉妹、友人、先輩後輩のあいだで貸し借りすることを認めていません。お古になったからと譲ってはいけません。自分の制服という意識を持たせるために、自分用として購入してもらいます」

また、頌栄女子学院では、制服は学校のアイデンティティーを表すもの、制服着用は学校の看板を背負っていることを意識させるものとしている。原則として通学、授業を受ける、研修など学校行事に参加するときだけ制服を着る。それ以外、家族と食事に行ったり、友人と遊びにいったりするときに着てはいけない。制服姿でコンビニや喫茶店に入るのも当然、ダメだ。そしてツイッター、フェイスブックなどでの公開を固く禁じている。

「友だち限定、自分限定でもSNSで制服画像を配信してはいけません。卒業生は高校時代の制服姿をネットにあげたくなるでしょうが、やめてほしい。防犯的な意味あいもありますが、それだけ制服姿は特別なものです」

モデルチェンジの深層――制服を変えなければ、学校は変わらない

頌栄女子学院の制服モデルチェンジは、学校創立100周年事業の一つとして行われたが、学校が変化を求めていたことが読みとれる。

学校で制服モデルチェンジが行われる理由は、おおざっぱに言えば、学校が変わるから、学校を変えたいから――に尽きる。学校は変化しなければならない。その背景には次のようなケースがある。

(1) 人気薄が続き定員割れで経営危機

少子化が続き、志願者が落ち込み定員割れとなった。このままでは学校経営は厳しい。

(2) 校名の変更

校名が現状に合わなくなったので、新しい名前に変えた。古い校名のイメージが残る制服も変えたい。

(3) 学校の特徴、性格が大きく変化

商業科の学校から普通科だけの学校に変わる。大学受験に特化したコースを作って成績

優秀な生徒を授業料免除特待生として受け入れ難関大学進学実績を上げる、など。これまでとは違う学校に生まれ変わる。

（4）男子校、女子校の共学化

伝統的な男子校、女子校を共学化するにあたって、初めて受け入れる女子、男子の制服を作るとともに、旧男子校の男子、旧女子校の女子の制服を一新する。

（5）非行防止＝学生服の変形防止

男子の詰襟《つめえり》制服はボンタン、ドカン、長ラン、中ランなど、ツッパリ、ヤンキー御用達に変形されやすい。女子のスカートも変形され丈がどんどん長く・短くなる。不良、非行っぽく見えない、しかも変形しにくいブレザー、スカート、ズボンに変更。

（6）統合再編で新しい学校誕生

少子化で全国的に公立高校の再編統合が行われている。工業高校＋商業高校＋普通科高校＝総合高校など。

（7）中高一貫校化

高校に附属中学を設置して中高一貫校化。中等教育学校の設置。

（8）創立50周年、100周年事業

周年事業の一環として学校のイメージを変えたい。

(9) 学校の移転、新校舎建設

移転によって新しい地域社会で学校を運営するために、旧所在地のころに慣れ親しんだ制服をやめる。新校舎建設で新しい学校に生まれ変わる。

(10) 新しい科、クラス、コースの設置

国際科、情報科、特進クラス、医学部進学コース、スポーツコースなどをつくり、生徒の希望進路に合わせた教育を行う。

(11) 経営者交代

新しい学校経営者が独自色を出す。

(12) 不祥事による悪いイメージを払拭

教職員の暴力やハラスメント、生徒の暴力や窃盗、学校運営に関わる贈収賄や脱税などの事件で損なわれたイメージを取り払う。

(13) これまでの制服は評判が最悪

地元からも、在校生からも「流行遅れでださい」と低く評価されていた。人気度＝志願者数にも関わる。

以上、このような理由から、１９８０年代半ばから制服のモデルチェンジを行う学校は増えた。多くの学校でＳＩ（スクール・アイデンティティー）に取り組むようになったからである。ニッケ（日本毛織）の調査によれば、１９８０年代後半、バブル期を迎えると学校、制服メーカーに余裕があったのか、制服モデルチェンジの学校数（中学、高校）は右肩上がりを示した。そのピークは１９９２年であり、４１４校を数えた。

やがて、バブル崩壊で経済不況、モデルチェンジがひととおり終わったということもあって、２０００年代には２００校を割り込んでしまう。

その後、景気がやや上向きになり、２０１０年代のモデルチェンジ校数の推移をみると１５０校から２００校までを乱高下している。

２０１１年から２０１５年までの推移は次のとおり（カッコ内は高校のみ）。２２２校（１５０校）→１６４校（96校）→２０２校（１２７校）→１９０校（１１９校）→１６７校（96校）。２０１５年から２０２０年までの推移は、２０１校（１２３校）→１７７校（１０７校）→１６２校（１０５校）→１５５校（91校）→２７２校（１０９校）となっている。

なお、２０２０年に前年比で１１７校増えたのは、福岡市内で67の中学校が統一型のブレ

図表1　制服モデルチェンジ高校数の推移（都道府県別）

（年）	2018	2019	2020
北海道	8	9	2
青森県			2
岩手県	1		
宮城県	4	1	
秋田県	1	1	1
山形県	3	2	2
福島県	3		1
茨城県	2	5	4
栃木県			
群馬県	2		1
埼玉県	3	1	4
千葉県	2	2	4
東京都	12	10	9
神奈川県	1	4	10
新潟県	5	3	2
富山県			2
石川県	1		3
福井県			1
山梨県	2	2	4
長野県	3	3	
岐阜県	1	2	1
静岡県	2	4	1
愛知県	4	2	4
三重県	1	2	1
滋賀県	2	1	2
京都府	1	3	4
大阪府	12	8	6
兵庫県	5	4	4
奈良県		1	3
和歌山県			1
鳥取県			1
島根県		2	1
岡山県	4	2	2
広島県	2	8	7
山口県	2		
徳島県			
香川県			
愛媛県	1	1	2
高知県			
福岡県	5	4	8
佐賀県	4	1	1
長崎県	2	1	4
熊本県	2		
大分県		2	1
宮崎県	2		1
鹿児島県		4	2
沖縄県			
計57	105	91	109

出典：『SCHOOL UNIFORM Model Change Data 2020』（日本毛織調べ）

ザーへ変更したことによる。同年の都道府県別の高校のモデルチェンジ校数をまとめた(図表1)。

品川女子学院中等部・高等部——キャメルのブレザー

個別の学校を見てみよう。

1990年に制服モデルチェンジをした品川女子学院中等部・高等部は、キャメルのブレザーを採り入れて注目された。キャメルはラクダを意味する。ラクダの毛織物がくすんだ赤みの黄色であることから、キャメルが色彩を表すことばとして使われている。同校のモデルチェンジのいきさつが学校史でまとめられている。

「プロの手を借りず、「生徒のことを一番知っている私達が、生徒が着たくなる制服を作ろう」と紫穂子を中心に5人の教員が、生地選びからデザインまで一から手がけました。当時、品川高等学校の制服はセーラー服でした。夏は暑く、冬は寒いうえ、たびたび洗うのは難しいセーラー服は、機能的にも衛生的にも、生徒本位の制服とはいえませんでした。

「先生、もっとかわいい服にして。」
たくさんの生徒たちからの要望に応え、新しい制服づくりに着手しました。（略）制服の生地といえば、固くて丈夫で発色の悪いものばかり。キャメルの美しい発色を求めて、女性服の生地を採用しました」（『とびらの向こうに　品川女子学院創立のあゆみ』1996年）

紫穂子とは、現在、理事長をつとめる漆紫穂子氏のことである。

品川女子学院は1925年に設立した荏原女子技芸伝習所を起源とする。設立者の漆雅子氏は、漆紫穂子氏の曽祖母にあたる。

1980年代まで、品川女子学院は学校経営が厳しい時期があり、中学の生徒が一学年5人しかおらず、偏差値での評価が判定不能ということもあった。いまでは1200人以上の志願者が集まり、大学進学実績も高くなった。V字回復を果たした要因には制服モデルチェンジなどによる学校改革の成功があるといっていい。品川女子学院をたずね、同校の平川悟広報部長から話を聞いた。

「学校経営が厳しいとき、このままでは学校がなくなってしまうと教員が危機感を共有し、中高一貫校化を軸とした学校改革に取り組むことになりました。その一つが制服モデルチェンジです。生徒から「セーラー服の化石、こんな恥ずかしいのはいやだ」という声があがっており、教員が自分たちも着たくなるものをと考え、私物の服を持ち合って、デザインを考えたわけです。モデルチェンジ後、生徒は自分たちがかわいい服を着ることに誇りを持ち、学校を好きになっていきます。これは大切なことでした」

1990年代はバブル期の服装の影響で、肩パッドが入ってゆったりしたデザインだったが、2000年代にスリム化する。ブレザーのボタンが2つから3つになり、ポケットは内側に縫い込んだ仕立てにマイナーチェンジした。この間、生徒は生活向上委員会を作り、風紀、制服などを話し合うようになった。

2008年、夏服を白のポロシャツから紺のポロシャツに変えた。

「夏イコール白というイメージがあり、「紺色は暑いだろう。なにを考えているのか」という外部の意見もいただきましたが、スポーツ素材で通気性の良いポロシャツは生徒に好評でした。キャメルのブレザー同様、制服文化に影響を与えたようです」

2020年代、品川女子学院への注目度は依然として高いが、制服効果だけによるものではない。

「かわいい制服だけだったら、改革はそこで止まってしまいます。たしかに制服の変更は本校が注目されるきっかけにはなりましたが、同時に、海外修学旅行、企業とのコラボなど、社会と世界を取り込んだ時代に合った教育内容を増やしていきました」

吉祥女子中学・高校——女子ズボン着用の先駆け

2010年代、各校の制服モデルチェンジで注目されていたのが、女子用ズボンを用意したことである。トランスジェンダー、多様な性への対応として、これまで女子の制服をスカートに限っていたが、ズボンを新規採用するところが、この頃から徐々に増えてきた。女性＝スカートという性規範を見直したのである。

女子の制服で早くからズボンを採用したのが、吉祥《きちじょう》女子中学・高校である。2004

年のことだった。同校がズボンをオプションとして用意したのは、本来「小学校までは私服で普段からズボンをはいていた生徒たちが、中学以降でも同じようにアクティブに過ごせるように」という思いからだった。一方で、同校には性教育委員会があり、50年前から性教育に取り組んできたことも背景にあるようだ。

吉祥女子中学・高校をたずねた。生徒指導部長の小田洋美教諭が説明する。

「性教育については、道徳的な側面だけでなく、家庭科、保健体育科、理科、社会の専門分野から科学的に教えています。性の多様性についての認識は教員も生徒も共有しており、ジェンダー意識は高いですね。女子はだれもがスカートをはくというわけではない、ということを認識しています。LGBTQへの理解、取り組みが普通に行われている学校です」

吉祥女子中学・高校では2003年から2004年にかけて、校舎の建て替え、創立65周年を機に制服のモデルチェンジを行った。それまでの制服は森英恵のデザインで冬は紺色のブレザー、夏はジャンパースカートで、夏服と冬服いずれも丸い襟が大きな特徴だった。しかし、夏服の白の半袖シャツにグレーの千鳥格子のジャンパースカートについては、生徒たちから「好き」「嫌い」の評価は分かれた。

2004年度からの新しい制服では丸襟がなくなった。紺のブレザーに高校生はネクタイ、中学生はリボンをつける。スカートは紺無地で3本取りプリーツ、または紺無地ズボンを正装としている。オプションでチェックのスカートが選択できる。制服メーカー5社によるコンペで、明石スクールユニフォームカンパニーの制服に決定した。決定までの過程では在校生が投票する機会もあり、生徒会役員は着心地を確かめている。モデルチェンジは新年度新入生から導入されたが、在校生はこれまでの制服着用も認められていた。3年かけて新制服へと移行している。

同校広報部長の杉野荘介教諭はこう話す。

「2000年代に入ったころには、大学進学についても十分な実績があり、教育面でも評価されていました。人気を得るために制服を変えたというわけではありません。これまでの制服が野暮ったいと言われ、あまり評判が良くなかったこともあって、校舎建て替えと周年事業のタイミングに合わせてモデルチェンジしたわけです。結果として学校の人気にはつながったのかもしれません」

なお、修学旅行については制服着用の合理性がないとして、その当時から私服となっていた。自分でどんな服を選んだらいいかを考えなさい、ということだ。

吉祥女子中学・高校では1980年代前半まで社会の風潮もあり厳しい校則があった。だが、80年代半ばになると、生徒の自主自律（自立）を考えた場合、教員が管理するだけでいいのかということが、校内で大きく議論されるようになった。ここでは制服のあり方も話題になったという。杉野教諭が話す。

「細かな校則は生徒の自主自律（自立）を妨げ、他律になってしまう。自分で考えることを大切にする教育をしたほうがいい、という議論があったと聞いています。そこで生徒を管理するような厳しい校則を見直して、最低限の校則としたそうです。そしてこの流れの中で、制服もなくしたらどうか、という意見が一部の教員から出たようです。そこで、生徒にアンケートをとったところ8割が当時のままの制服でいいという答えでした。80年代の生徒たちは私服を求めていたわけではなかったようです。いまは制服が変わり、自主自律（自立）を掲げた校則の中で制服を撤廃したいという声を聞くこともありません。本校がこのような制服だと知って中学受験して入ってきている、ということも背景にあるかもしれません」

学校経営者、受験生のバイブル『東京女子高制服図鑑』

こうした1980年代の制服事情をつぶさに観察していたのが、イラストレーターで制服研究者の森伸之氏である。

1985年、森氏は『東京女子高制服図鑑』を刊行した。都内の高校の女子制服をイラストで紹介する内容は中学や高校の受験生、学校関係者（経営者、教員）に大きな影響を与えた。これまで受験情報として学校ごとに制服を並べた本はなかったからだ。受験生は制服の「かわいい」ところに注目した。学校関係者は他校の制服の新しさ、斬新さを学んだ。

森氏は1980年代の制服モデルチェンジの趨勢《すうせい》について、のちにこう分析している。

「つい数年前まで、その外見から「コワイ学校」とか「ツッパリの多い学校」とかいう評判が定着していた女子高の女のコたちが、誰が見てもカワイイとしか言いようのないタータンチェックのひざ上スカートに、賢そうなエンブレム付きのブレザーという姿で街を歩いているという意外な光景が、東京のあちこちに見られるようになったのだ。もはや外見上は、彼女たち全員が「お嬢さま学校」なのである。（略）

「学力」と「伝統」が、私立高校の「格」を決定する重要な要素であるということは前に述べた。そして女子高の場合は、これに「制服の魅力」が加わった三要素によって、各学校のステイタスが認知されているわけだが、嘉悦が仕掛けたS・Iブームは「制服の魅力」という要素における従来までの格付けを、徹底的にひっくり返すことになった。「お嬢さま学校」も「地味な商業学校」も「元ツッパリ学校」も、制服の上ではみんな平等、という新しい価値基準が成立し、都立中央図書館の旧勢力である名門女子高が心の支えとする三つのステイタスのひとつは、この時から脅かされるようになったのである」（「宝島30」1993年7月号　宝島社）

すこし解説しよう。「都立中央図書館の旧勢力」とは、都内地下鉄日比谷線広尾駅近くにあるこの図書館（東京都港区南麻布）に通う名門と言われる女子校＝聖心女子学院、東洋英和女学院、東京女学館、雙葉学園、白百合学園などの生徒たちであり、「学力」「伝統」

が備わっていたとされている。ここでいう「伝統」には、長いあいだ、「お嬢さま」、つまり経済的に恵まれた高い階層の子女たちが集まった歴史が含まれている。

森氏をたずね、さらに詳しく解説してもらった。

「都内にはお嬢さま系と称される、頭が良く品もあるというブランド校としての「格」を備えた学校がありました。それが都立中央図書館の旧勢力である名門女子高です。ところが、嘉悦の制服モデルチェンジは、既存のブランド校群をリセットするほどのインパクトを与えます。嘉悦は商業学校を起源とし制服は地味でしたが、タータンチェックで「お嬢さま風」の学校となり、入試倍率が急上昇して偏差値が高くなり、難関大学進学者も増えました。生徒の表情まで明るくなります。学校そのものが大きく変わり、ブランド校の仲間入りをしそうな勢いでした」

1982年の頌栄女子の制服モデルチェンジに続き、1984年、嘉悦《かえつ》女子中学校・高校がタータンチェックスカートを導入して一気に全国に広がった。

嘉悦女子の起源は、1903年設立の私立女子商業学校にさかのぼる。その後、日本女子高等商業学校などに改称し、1952年に嘉悦学園高校として開校した。

同校の校訓は「怒るな働け」である。意味するところは、「耐えて、そして働くことです。働くといっても就職することとは限りません。主婦には主婦の、娘には娘としてなすべき務めがあるものと思います。その務めを果たすことに励むことです」（同校ウェブサイト）。

1930年代に日本女子高等商業学校を卒業したOGがこう話している。

「父がどうしても「商売の跡をつげ」といい、嘉悦に進みました。本当は文学をやりたかったのですが……。家は軍に食料品をおさめていました」（「嘉悦学園のあゆみ　九十周年を迎えて」1993年）

まじめで堅実な「職業婦人」「主婦」を目ざす女性の学び場であり、お嬢さまを育てるのとは趣を異にする。そんな歴史を持つ嘉悦女子が制服によってブランドを築き、学校のイメージを大きく変えてしまった。

品川女子学院も同様だ。森伸之氏の調査によれば、同校普通科合格者の平均偏差値は1

図表２　制服のモデルチェンジを行った女子高校の難関大学合格実績の推移

（人）

	東京大		慶應義塾大		上智大	
	1995年	2020年	1995年	2020年	1995年	2020年
かえつ有明（嘉悦女子）	0	1	0	21	0	14
吉祥女子	0	4	26	58	8	42
品川女子学院	0	0	0	5	0	10
頌栄女子学院	1	4	17	72	12	63

	青山学院大		立教大		国際基督教大	
	1995年	2020年	1995年	2020年	1995年	2020年
かえつ有明（嘉悦女子）	0	15	0	16	0	6
吉祥女子	28	23	32	52	5	1
品川女子学院	1	15	0	19	0	―
頌栄女子学院	18	50	13	62	3	7

出典：大学通信（1995年）、各校ウェブサイト（2020年）

989年度に48だったが、5年後の1993年度には62まで上昇している（『高校受験案内』のそれぞれ年度版。晶文社出版）。そして、1994年度入試用の同校の広告には、制服姿の4人の女子生徒がカメラ目線でまっすぐにこちらを見つめる姿が掲載されており、そこには入試予定日も学校所在地も書かれておらず、「新・伝統主義」というコピーだけが掲げられていたという。

制服が伝統を作り、その結果として大学進学実績にも影響を与える。頌栄女子学院、品川女子学院、吉祥女子、嘉悦女子の4女子高の難関大学合格状況を1995年と2020年に分けて表にまとめた（図表2）。繰り返すが、制服のモデルチェンジだけが進学実績を高めたのではない。同時に取り組んでいた教育改革の効果が示されたものである。

名門校ブランドを凌駕した女子高生ブランド

生徒目線で制服モデルチェンジを捉えると、これまで制服の歴史ではあり得なかった現象が起こったことがわかる。まず、タータンチェックの登場は、1990年代半ばから広まった「なんちゃって制服」に大きな影響を与えた。私服通学の学校に通う女子が、そのかわいさに惹かれて、頌栄、嘉悦の制服に似たかっこうで教室に座り、街を闊歩《かっぽ》する。「なんちゃって制服」を専門に作るメーカーも増えた。

1990年代半ばは女子高生ブームともいわれた時代である。「コギャル」「ガングロ」「ヤマンバ」と呼ばれる少女たちが現れ、「ブルセラショップ」が話題になった時期でもある。これまでにない奇抜なファッション、制服の売買、そして、「援助交際」という売買春は、メディアで大きく伝えられ、女子高生が何かと話題の中心になった。企業も女子高生に目を付けた。彼女たちの嗜好に合わせた商品を開発するため、女子高生をマーケティング調査に参加させている。「女子高生に人気の〜」というフレーズが経済活動を活発にしたわけだ。

女子高生ファッションは大きく変わった。制服モデルチェンジ、「なんちゃって制服」によって、ひと昔前の不良少女がはいていたロングスカートは駆逐された。スカート丈は長いよりも短いほうが圧倒的に支持された。「不良少女」だけではなく、一般的な女子高生のあいだにも「ミニはかわいい」という受け止め方が広がっていく。モデルチェンジした学校はスカートを短くさせないように校則で縛る、勝手に短くできない素材を採り入れるなどで対抗策をとった。教師対生徒のバトルは、まだ見られたのである。

そして、女子高生ブームをもっとも象徴するアイテムがルーズソックスだった。スカート丈が短くなったので寒さに備える、脚の露出が多くなった分アクセントをつける、脚が細く見えるなどの理由で誕生したという説がある。ルーズソックスの大きな特徴は、「お嬢さま」校、進学校でも普及しており、「不良」ファッションと限定されなかったことだ。ルーズソックス禁止など校則の厳しい「お嬢さま」校の生徒は駅で履き替えていたほど、愛されたのである。ルーズソックスをはかないのが恥ずかしい、と思うほどに。

前出の森氏もこの現象に注目し、学校のブランド力に対する捉え方が変わったと指摘する。

「コギャルという言葉がではじめたころ、その学校が持っているブランド力よりも、かわいい女子高生に見えることのほうがブランド力を持つようになりました。ミニスカートとルーズソックス、大きいニットのベストが、学校とは関係ない「女子高生ブランド」として成立したわけです。それを象徴したのが慶應女子高校です。同校は1980年代前半に短めのスカートにハイソックスがトレードマークでした。ところが90年代の女子高生ブームは一流ブランド校である慶應女子の生徒にも大きな影響を及ぼしました。彼女たちはハイソックスをやめてルーズソックスをはき始めたのです。慶應というブランドより女子高生というブランドを選んだという意味で、画期的なできごとでした」

制服ファッションによって、女子高生というブランドが確立した。それは全国に広まった。

一方、少子化などに対応するため、1990年代から男子校が女子を受け入れ共学化しており、その流れは2020年現在まで続いている。女子の制服といえば、頌栄、嘉悦のタータンチェックが今日まで伝播していると根づいたといっていい。

2020年、神奈川県の私立横浜高校が共学となった。前年、新制服のデザインを発表している。女子はチェック柄が採用されている。

「女子冬服は、珍しい「セーラージャケット」というスタイルです。セーラー服でもなく、ブレザー服でもありません。まさに「新しい横高」です。後ろ姿はセーラー服に見えます。でも通常のセーラー服とは違う、前開きのジャケットなため、脱ぎ着も簡単にできます。スカートの柄はモノトーンをベースに市松模様を表現した横浜高校オリジナルのチェック柄です。ジャケットと同じ生地のサブスカートもあり、普段は選んで着用することも出来ます。女子の夏服は、半袖のセーラーブラウスで爽やかに過ごします。スカートは冬の色違いで、ブルーの夏らしいオリジナルチェック柄になっています。グレーのサブスカートも用意しましたので、冬同様に普段着用が出来ます。スカートと同じ柄のリボンがかわいらしい印象になります」（同校ウェブサイト2019年5月1日）

北海高校——詰襟バンカラからグローバル化へ

1999年、北海高校が男子校から共学化するとともに、男子の制服を詰襟からブレザーに変更している。同校の起源は1885（明治18）年設立の北海英語学校であり、道内では最古の私立の旧制中学校として発展した。野球が強いことでも知られており、甲子園出場は、春夏合わせて50回を数える（春12回。夏38回は全国最多出場）。

長く男子校のイメージが強かったが、女子を受け入れて20年以上が経っている。

北海高校は、共学化に伴い男女の制服をどのように決めたのだろうか。同校をたずねて、秋山秀司校長に話を聞いた。

「わが校は、男子校としての歴史が長いぶん詰襟バンカラのイメージがありました。建学の精神の一つである「質実剛健」という理念を維持しながら、グローバル化に対応できる人材を育成したい。そのため男子の制服をブレザーに変えました。未来を見据えたもので、長く飽きのこないデザインです。女子の新しい制服については大変悩みましたが、メーカーから10点程提案してもらい、しばらくの間、校内に展示して検討しました。本校の生徒会執行部からも生徒の直接的な意見を聞くと同時に、市内の私立女子高校の生徒からも感想を聞くことができました」

制服メーカーは明石スクールユニフォームカンパニーである。この間、デザインは変えずに、生地などのモデルチェンジには生徒の意見を積極的に生かし、より品質が良いものを最優先に考えた。汚れに強くシワができにくい。また最近のものは、軽くて着心地が良い制服になっているようだ。

女子の制服はブレザーにタータンチェックのスカート。学校はこう説明する。

「男女共学を機に制服をモデルチェンジ。若者らしい清新さと伝統校の品格・落ち着きをデザインしました。釦《ボタン》には「SINCE 1885」と刻まれています。とくに女子制服は可愛らしいリボンとスカートがよくマッチし、人気の的となっています」（同校ウェブサイト）

共学化1年目の入学者の男女比率は、わずかに男子生徒が多い程度だった。

「共学に向けて検討をしていた当初は、女子校から共学になるより、男子校から共学になる方が女子の入学生は集まりにくいと考えていたが、実際には杞憂《きゆう》に終わりました。共学1期生は、予想をはるかにこえて800名以上。入学した女子にアンケートをとったところ制服がかわいいと、とても評判が良かった。制服の効果は大きかったと思います」

道内は制服自由の学校が少なくない。市内では札幌南、札幌西、札幌開成などだ。

「私服もまったく考えないわけでもなかった。教員のなかにもそのような意見を持つ先生がいました。けれど、長い歴史があるなかでユニフォームの存在は大切にしていきたいと考えており、しばらくはいまの制服を続けます」

愛光高校――ミッションスクールらしい清潔感

2000年前後、進学校として全国的に有名な私立中高一貫男子校が共学化している。洛南高校（京都）、愛光中学・高校（愛媛）、久留米大学附設高校（福岡）をたずねた。いずれもそれぞれの府県内で東京大合格者1位の学校である。

愛光中学・高校は1953年に中学、56年に高校が開校した。創立50周年の2002年に男子校から共学になる際、男子は既存の詰襟を踏襲し、女子には新しい制服を作った。愛光中学・高校の重川綾子教頭をたずねた。

「本校の教育理念をイメージして、ミッションスクールらしい清潔感、凛《りん》とした落ち着きのあるデザインを探し、最終的にZUCCa（小野塚秋良氏）に依頼しました。男子校に女子を受け入れても違和感がないように、学校として一体感が出る制服になることも一つの条件でした」

オープンスクールで来校した女子中学生に、どんなデザインが良いか、アンケートをとってリサーチするなど、女子がいない中での制服決定には苦労があったようだ。

冬服は、襟に白い2本ラインのマークが入っている紺色のブレザーとチェックのスカート。中学生は水色に紺の細いラインのネクタイ、高校生は紺色に水色の細いラインのネクタイで、すぐに見分けがつく。夏服は白いセーラー服で、紺色のスカートの裾に一本白いラインが入っているのが印象的だ。

「ブラウスの場合、ポリエステルが多いとアイロンをかけなくても済みますが、着心地が悪くなります。綿8割・ポリエステル2割など、割合を変えてさまざまな素材をたしかめ、着心地のよさを優先させました」

女子の制服の着こなしについては、特には指導を行っていない。その必要はないようだ。これまでミニスカートが流行ったとき、スカート丈を膝の真ん中まで伸ばすように指導したぐらいだった。

男子の制服を女子に合わせてブレザーにしなかったのは、詰襟のまま変えなくてもよいという意見が多かったから。その詰襟にも進学校らしく勉強しやすいような工夫が見られる。

「勉強する姿勢を保つため、うつむきやすいようにスタンドカラーが首にかからない高さになるようカーブがつけられています。また、ノートをとりやすいように袖にボタンはついていません」

都会の進学校に見られるような、制服の自由化を求める声は出ていないようだ。愛媛県には私服通学を認める学校がなく、制服があたりまえという文化が定着しているからだろう。

洛南高校・洛南高校附属中学校——戒律が制服という形をとり、厳しく自己を抑制

洛南高校・洛南高校附属中学校は２００６年に共学化された。同校の亀村俊実・高校副校長が制服について次のように話してくれた。

「宗教校らしく、生徒手帳では「戒律が制服という形をとり、自己の定めた戒と他からの律により、厳しく自己を抑制してこそ」の学習ほか教育活動という定めがあります。「制服は修道に励む私たちが自分の気持ちを整え、心を引き締め、邪心から身を守るということの証し」とも謳《うた》っております」

デザインは男子が紺のブレザーにグレーのズボン、女子は紺のブレザー、キャメルのスカートに定められている。

「共学化した今も基本の考えは変わりませんが、かつて男子校時代にあった制帽もメーカー様が作らなくなってこれをなくしたり、アトピー性皮膚炎で苦慮する生徒が見られるようになって「襟ホックを外してだらしなく見えてしまうくらいならば」と思い切ってブレザー服に改めたり、時代や社会状況にあわせてその都度「清潔な学生らしい身なり」を考えて変えてきました」

仏教系としてのまじめさ、けじめが制服決定プロセスによく示されている。

「生徒自治会が討議したり、一流デザイナーさまにお願いしたりということはありませんが、ながらくお付き合いのある業者さまから素材の面、デザインの面でもしっかりしたご提案をいただき、教職員でも討議して決定したものを、生徒の皆さんには端正に着こなしていただくことで、学校の一員としての誇り、あるいは学生としてのけじめを纏《まと》っていただいていると思います。美しさは飾りたてることでなく端正さから、個性の表現は定めを崩すことでなく内面を磨くことからと思っています」

久留米大学附設中学校・高校
――裏地の水色のパイピングや学校オリジナル織ネームで学校ブランドを表現

久留米大学附設中学校・高校は2005年に女子を受け入れている。

このとき、男子の制服は既存の詰襟のままだった。同校の白水高校教頭は次のように解説する。

「落ち着いた雰囲気で校章が映えるような制服理念を踏襲して女子高校冬服はブレザー型ジャケット、女子中学冬服は中学校世代に似合うセーラー型ジャケットを採用しました。落ち着きがあり、知的で中学生らしいかわいらしさを表現したものです。中高の差別化、中高一貫の統一感を兼ね備えたデザインになっており、機能についても透け防止、UVカットなどを取り入れています」

2013年、中学に女子を受け入れたとき、男子中学高校の冬服の詰襟は指定のものとなった。これまでは詰襟であれば何でも認められた。

「バンカラなイメージを残した標準型詰襟で、最高級の洗えて頑丈なウール50％、ポリエステル50％の生地を使用しています。裏地の水色のパイピングや学校オリジナル織ネームで学校ブランドを表現することで、他校着用の詰襟との差別化を図りました。また、男子の夏服指定の開襟シャツには形態安定やＵＶカット等の機能を加えています」

なお、男子と女子の中学の夏服は鹿の子素材のポロシャツで高校と差別化をはかっている。これは活動量の豊富さを考慮し、また着回しがまだ未熟な中学生が扱いやすいように施された工夫だという。

「現在、防犯、防寒、機能性の観点から女子のパンツスタイルの制服導入を検討しています」

朋優学院高校――悪目立ちしないように心がけた

女子高が共学になったケースを紹介しよう。

朋優《ほうゆう》学院高校（東京都品川区）をたずねた。同校は1946年設立の中延《なかのぶ》学園高等女学校を起源とする。学制改革で中延学園高校となり長い間、女子校として地域に親しまれていた。2001年、現校名に変更し共学化した。

同校はこの時、制服をモデルチェンジし、女子はブレザーにチェックのスカート、男子は紺のブレザーとグレーのズボンとなった。デザイナーは同校の卒業生が担当した。生徒の評判は良かった。

しかし最近、2019年にもモデルチェンジを行った。創立70周年、新校舎建設というタイミングだった。とはいっても制服の外見は思ったほど変わらない。学校はこう説明する。

「これまでの伝統を受け継いだ上でデザインと機能性を進化させました。朋優学院には衣更えはありません。気候や体調に合わせて、各自が組み合わせを選べます」（同校ウ

エブサイト）

どのように「進化」したか。佐藤裕行理事長・校長が話す。

「デザイン面は最新のシルエットや素材を取り入れ、より洗練させました。品質面では、撥水や防臭効果を施し、自宅でも全部洗えるなど、機能性を充実させました。軽くてストレッチ性があるなど、着ていて楽なことも重視しています。制服メーカーに1日15時間着ても快適なものを作ってほしいと要望をした結果です。また、多様性への対応で女子専用のズボンも作りました」

「制服デザインに学校の強い主張を入れようとは考えませんでした。学校の願望が前面に出ている感じがするからです。学校ブランドより、生徒ブランドを優先していきたいと考えます。ですから生徒一人ひとりの個性の邪魔をせず、制服が悪目立ちしないように心がけました。ただ、どんな生徒でも知的で上品に見えるデザインにはしたつもりです」

制服メーカー6社に各3案、合わせて18案を提案してもらい、コンペの末、カンコー学生服製を採用した。前回までは地元の小規模な洋品店服装メーカーが製造していたが、今回の大手制服メーカーのほうが値段を抑えることができたため、結果的には前の制服よりも安価になった。

「今のところ生徒から制服に対する要望は出ていませんが、進学校の生徒などは制服なしでも自分をよく律することができていますし、もし本校の生徒が自分の頭でしっかり考えた上で制服の自由化を求めるようであれば、検討する価値は充分にあると考えています」

渋谷教育学園幕張高校——生徒会主催で生徒に投票してもらって制服を決定

最後に共学校の制服モデルチェンジである。

2020年東京大合格者ランキング上位は男子校、女子校が占めている。開成、筑波大学附属駒場、桜蔭《おういん》、灘、麻布、聖光学院など。このなかで共学校として上位に食い込んでいるのが、渋谷教育学園幕張高校（5位）、西大和学園（11位）だ。2校は1980年代以降の開学で歴史的な意味で伝統校とは言い難いが、進学実績で名門校の仲間入りをしつつある。創立当初から共学で制服があり、最近、モデルチェンジを行ったという共通項がある。2校をたずねた。

渋谷教育学園幕張高校は1983年に開校した。創立者は現在でも校長をつとめる田村哲夫氏である。学校経営に関わって60年近くになる。

同校は開校当初から男子はブレザーだった。同校の田村聡明副校長に話を聞いた。

「男子制服を詰襟に定めなかったのは、既存の学校の枠にとらわれない新しい学校を作ろう、という思いからでした。その後、何度かモデルチェンジを行っており、女子は1年間ワンピース型だったときもあります。評判が悪いとスパッと変える潔さがありました。このころは制服を着崩す生徒もいて、制服についての細かな指導もありました」

1990年代以降は大きなモデルチェンジもなくなり制服は定着する。大学進学実績の向上とともに、制服指導もなくなった。

2020年、渋幕の制服は変わった。「今までの高校・中学で別々のシャツ・ブラウスの色が統一されたほか、オプションとしてポロシャツ、セーター、ベスト、女子用スラックスが導入されました。また、リボン・ネクタイ、スカートもオプションデザインが加わり、生徒は多くのバリエーションから服装を選択します」（同校ウェブサイト）。

コンセプトは「渋幕の伝統を守りつつ、時代にあわせてスタイリッシュに」である。具体的には、ジャケットの色は変えずにボタンは3つから2つに、腰ポケットがフラップ型に、シルエットは最近の若者の体型に適応、などだ。男子の制服については大きな変化は感じられない。

「女子用スラックスの導入など多様性に配慮する、社会状況に照らして制服の選択肢を増やすなどは生徒からの要望に応えました。洗濯が簡単な素材に変えましたが、これは保護者からの要望を採り入れました。試作品を20種類以上用意し、生徒会主催で生徒に投票してもらって決定しました」

ただし、女子の制服選択には男子生徒の投票権は与えていない。制服選びは生徒間でかなり盛り上がったようで、「女子にはこういう制服を着てほしい」と希望を寄せて来た男子生徒もいたが、「それはちょっと違う」とお引き取り願った。

モデルチェンジには、こんな理由もあった。小学6年生向けアンケートで女子の制服の評判が高くなかった。系列校の渋谷教育学園渋谷中学高校（通称　渋渋）は人気が高いのに、なぜなのか。

「受験生のアンケートを見ると、教育内容、進学実績等の評価が高く、それに比べると制服は相対的に低くなっていました。それは幕張の教員も気にしていましたし、良い機会と考え見直しをはかることとしました。渋谷校はリボン・ネクタイが大きくそのほうがかわいく見える。それで幕張はリボンの種類を増やしました」

渋幕、渋渋の教育理念に自調自考がある。自ら調べ自ら考える。考える過程で制服のあり方を問いかける。たとえば、制服自由化を求めるという生徒が出てきてもおかしくない。

「学校としては、制服は生徒会で、生徒みんなが決めたことなのでしっかり守るべきという考え方です。これまで生徒会で制服の自由化が語られたことはあった。教員からも私服でもいいのではという意見が出たこともある。しかし、それは多数の意見ではなく、学校全体として自由化は議論されませんでした。今後も、制服についてはさまざまな意見が出されると思いますが、変えるべきところがあれば変えていいと思います」

西大和学園中学校・高校――だぼっとした感じからスリムなものへ

西大和学園中学校・高校は１９８６年に開学した。創立者は当時奈良県議会議員だった田野瀬良太郎氏でのちに国会議員となっている。年々、大学進学実績を伸ばし続け、２０１０年京都大合格数で初めて１位となった（１９９１〜２００９年は洛南高校がトップ）。

開校当時、女子制服のデザインが評判で、学校関係者のデザインであったにもかかわらず、プロのデザイナーの作品と噂されるほどだったという。

学園長の岡田清弘氏をたずねた。

「当時、デザインが先進的で斬新だったので、開校間もない学校の女子の制服がテレビに取り上げられるほど話題になりました。しかし、西大和学園高等学校を志願する生徒の大半は制服の評判は意識していなかったと思います。教育の中身と右肩上がりの進学実績に魅力を感じて入学してくる生徒たちが大半でした」

個性的なデザインの好みは流行に左右されやすく、女子生徒に評判があまりよくない時期もあったようだが、制服と進学実績に因果関係はまったくなく、東京大、京都大合格者は増え続けた。制服がかわいい→志願者増→高い学力の生徒増→難関大学進学実績向上、という図式は、関東の女子校で見られたが、西大和学園はそれにあてはまらない。熱心な受験指導ありきで、学校を発展させたといっていい。

2010年代、制服モデルチェンジが検討され、2017年に新しい制服を導入する。女子はグレーのジャンパースカートにボレロ着用から紺のブレザーとスカートに変わった。現理事長を中心に学校関係者と業者が何種類もの試作品を検討し、試行錯誤された結果である。

「保護者からの意見も参考にし、女子制服は、シャツはこれまでの少し〝だぼっ〟とした感じから、スリムなものに変えました。生地も通気性がよいものを採り入れています。劇的に変わったことで、伝統が失われないかと心配しましたが、保護者のみなさんからもかわいいと評判になりました。一方で、西大和学園の入試難易度が上がることで、制服の価値が高まり、6年前から募集が始まった女子中学生の制服も好評です」

県内には進学校として東大寺学園がある。中学受験では灘、甲陽学院と併願するケースが見られる。これら3校は私服通学が認められている。関西の学校関係者のあいだでは、生徒の自主性にまかせるという、伝統校的な進学校の余裕だと受け止める向きもあった。

「制服をなくすという事を議論したことはあります。生徒募集的にも私服派から支持されるかもしれないという期待もありました。しかし、西大和学園には西大和学園の教育がある。この制服にあこがれ、自分の夢実現のためにこの制服を着て頑張りたいという生徒がいる限り、創立者の教育理念のもとに制服をきちんと着こなす学校でありたいと考えています」

京都市立京都工学院高校――少女漫画から制服が誕生

複数の学校が再編統合されて新たな学校としてスタートする。学校そのものがモデルチエンジする。いや、新しい学校が誕生する、といっていい。

2016年、京都市立伏見工業高校全日制と、市立洛陽工業高校が統合再編され、市立京都工学院高校が生まれた。

両校いずれも歴史は古い。実習用設備の維持やメンテナンスに経費がかかる。それならば最新設備が整った新しい学校を作ったほうがコスト面で合理的という事情もあって新設校として生まれ変わった。制服については、前身となる2つの高校の制服が引き継がれることはなかった。京都工学院誕生とともに新しい制服が作られ、これが、大きな反響を呼ぶことになる。雑誌「マーガレット」(集英社)連載の少女漫画『たいへんよくできました。』(佐藤ざくり 2014~15年)に登場する制服が採用されたからだ。

どのような経緯で少女漫画から制服が生まれたのだろうか。

『たいへんよくできました。』の連載スタート前、登場人物の制服を考えるにあたって、京都市立銅駝《どうだ》美術工芸高校の生徒約200人に好きな制服についてアンケートをとったことから始まる。2013年のことで、京都市教育委員会、「マーガレット」編集部、京都で老舗の制服販売専門店村田堂(231ページ参照)のバックアップによるものだ。

佐藤ざくり氏が考えたデザイン数点から高校生に見てもらい、「着てみたい制服」でいちばん人気のあったデザインが、『たいへんよくできました。』に描かれることになった。
その後、村田堂から、京都工学院高校の新制服のコンペがある。この漫画のデザインで参加しようという提案があった。やがてコンペに勝ち抜き、『たいへんよくできました。』が京都工学院の制服に決まった。
京都工学院高校をたずねて、制服選考に立ちあった砂田浩彰校長から話を聞いた。

「工業科だからでしょうか、当初、教員のイメージに合わなかったようで、「少女漫画ということもありチャラチャラしている」という意見がありました。でも、市教委準備室の若いメンバーが、「そんなかたいことを言っていたら生徒は集まりませんよ。女子生徒に来てもらうためには、これがいいです」と強くすすめたのです」

工業科はどうしても男子というイメージがある。だが、「リケジョ」という言葉が流行しており、将来的には女性の技術者が多く活躍する時代がくる。そのニーズに対応する教育目標を立てていこうと、学校は考えていたところだった。優秀な女子を開拓するため「少女プラン」が話し合われ、そのためには、新しい学校を積極的にアピールする必要があり、従来の工業科のイメージを変えようという思いがあった。

砂田校長自身、当初、この制服が選ばれるとは思わなかったが、話を進めるうちに、その良さに気付いていく。砂田校長が続ける。

「工業科にくる女子は少ない。そこで普通科に進んだ女子は高校を選ぶとき、どんな観点なのかを考えました。それが制服であるなら、尊重しようということになった。チャラチャラというのはこちらの思い込みであり、制服のユーザーはあくまでも高校生です。彼女たちがもっとも気に入っている制服がいちばんいいと考えたのです。デザインはとてもいい。そして、これまで少女漫画とのコラボはなかったので、インパクト十分です。新しい学校を作るときに打ち出すネタとしてはたいへん話題になる。まず、学校を見てほしい。教育内容には自信がある。市教委や教員のみんなで相談してこのプランを採用しました。観点別評価で僅差ではありましたが」

京都工学院高校第1期生の説明会には募集人員240人のところ、1300人が集まった。予定していた一会場ではおさまらず、急きょ、別の教室を会場としてサテライトで説明会を行っている。この年の受験生は約600人。京都市内ではもっとも倍率が高かった。2つの前身校では見られなかった人気ぶりである。

5年目となる2020年、倍率は下がったが、学力の水準は下がっていない。

「京都人はあたらしもの好きと言われていることもあり集まったのでしょうが、私たちの教育方針は理解してもらったと思います。学力が高い生徒を集めることが目的ではありません。ものづくりができる優秀な生徒にきてほしい。大学進学希望者は増えました。ただ、女子はまだ2割弱なので、もう少し増えてほしいですね」

制服ばかりが注目されるが、教育改革が行われており、プロジェクト工学科（工業科）はメカトロニクス、エレクトロニクス、都市デザイン、建築デザインの4領域に分かれる。フロンティア理数科（進学型専門学科）では理数系に特化したカリキュラムとなっており、難関大学を目指すことができる。工業系の授業で実習が多く実習服（作業用ユニフォーム）が必要となる。これも新しく作った。

1期生の進学先は京都大、京都教育大、京都工芸繊維大、筑波大、広島大など。就職先は国家公務員、京都市役所、地元の大手・中小企業などとなっている。砂田校長がふり返る。

「この制服を着たら「やるぞ！」という誇りがもてる。実習服に袖を通した瞬間に身が引き締まる。身だしなみをしっかりすることで勉強、実習にしっかり取り組める。制服デザインを刷新してよかったと思います」

制服モデルチェンジは、1980年代、頌栄が先駆けとなり、嘉悦が火をつけたと言われている。その後、あっという間に全国に広がった。紺のブレザー、男子はグレーのズボン、女子はタータンチェックのスカートが、学校と生徒から支持されてきた。俗な表現しかできないが、かっこいい、かわいいが追求された結果である。

生徒は「かわいい、かっこいい制服を着たい」、学校は「人気が集まって多くの生徒がほしい」、制服メーカーは「オリジナルの制服を売りたい」——三者の思いが一致したところから、制服がさまざまな形で進化を遂げたといえよう。

詰襟とセーラー服は汎用性があった。つまり、バッジと校章とリボンを変えれば、どの学校でも通用したのである。それゆえ、学校の制服にデザインということばはなじまなかった。ところがモデルチェンジによって汎用性がなくなり、制服はその学校でしか使えないシロモノとなった。兄弟、姉妹で学校が違った場合、お古は成り立たなくなったのである。制服の画一性から多様性への変化といえる。だが、デザイン面からみれば、ブレザーとタータンチェックに示されたラインや色は違うものの、遠目から見れば類似性を感じてしまい、画一的にも見えてしまう。そこにオリジナルを発信する限界がある。

タータンチェックのスカートから、1980年代前後に流行したファッション、ハマトラ（横浜トラディショナル）を思い出す。ポロシャツとベストやカーディガン、タータンチェックの巻きスカート、ハイソックス、パンプスという組み合わせだ。横浜元町通りに本店がある、フクゾーの洋服、ミハマの靴、キタムラのバッグという「三種の神器」に、当時の女子学生は魅了されたものである。ハマトラブームは2～3年で短命に終わった。ハマトラのコンセプトには清潔感、かわいらしさ、お嬢さま風、活動的があったといわれている。こうした要素が学校制服のモデルチェンジの際にも、アイデアとして入りこんだのかどうかはわからない。偶然だったとしても、タータンチェックの魔力はなかなかのものである。

第2章

制服誕生の舞台裏

都立日比谷高校——子供らしからぬ然も大人の型すぎぬ型

高校の制服はいつごろ、どのように生まれたのだろうか。制服誕生の経緯を探ると、その高校の素顔、歴史が見えてくる。

いまの高校が教育制度上、設置されたのは、1948（昭和23）年である。

第二次世界大戦後、政府は教育改革を進め、学校教育法上の位置付けとして新しい小中学校、高校、大学をスタートさせた。GHQの教育に関する提言（たとえば、男女共学制）を大幅に採り入れており、それぞれ教育期間の就学年数から六三三四制と呼ばれている。

このように新しい教育制度のもとで開校した高校は、旧制度の高校（旧制第一高等学校＝いまの東京大教養学部）と区別するために、新制高校と呼ばれた（本書でも便宜的にこう表現することがある）。

もっとも、1948年、全国的に新制高校がポッと生まれたわけではない。旧制中学、旧制高等女学校などが生まれ変わった形をとっている。その際、おもに次のケースがあった。

①旧制中学、高等女学校がそのまま新制高校に移行する。たとえば、東京の府立一中が都立日比谷高校、府立第一高等女学校が白鷗高校、札幌一中が札幌南高校、札幌高等女学校が札幌北高校になった。

②旧制中学、高等女学校が再編統合され新制高校が誕生する。たとえば、岡山一中と岡山第二高等女学校が統合されて岡山朝日高校、鹿児島一中と鹿児島県立第一高等女学校が統合されて県立鶴丸高校となっている。

このように教育制度が旧制から新制に移行する際、校舎、教員、生徒が引き継がれるケースが多かった（地域によって校舎は移転している）。つまり、府立一中1年生が次の学年で都立日比谷高校2年生、鹿児島第一高等女学校2年生が鶴丸高校3年生になるわけだ。

では、制服はどうだったのだろうか。

ここでは公立高校の女子制服について、その誕生までの経緯をまとめる。男子はほぼ詰襟なので省いた。女子はセーラー服とブレザーのせめぎ合い感が出てきておもしろいので、詳解しよう。

旧制中学は男子校である。新制高校に移行された時の男子の制服は、旧制中学時代から着ていた詰襟をそのまま使うケースがほとんどだった。詰襟はたいそう汎用性があった。校章を付け替えるだけでどの学校でも通用したのである。

ところが女子は違った。旧制中学が前身の高校が共学となり、初めて女子を受け入れるので、彼女たちのために制服を作らなければならなかった。

都立日比谷高校では1950年から女子が入学したが、この時には女子用の制服は定められておらず、私服あるいは高等女学校時代の制服を着てくる女子が見られた。学校はこれではよくないと考え、同年には女子の制服を制定する作業にとりかかっている。日比谷の女子生徒が女子服装委員会を作り校内でデザインを募集したところ、ブレザー型が多く、セーラー服型は少数だった。生徒は学校に紺色でダブルのブレザー、ジャンパースカートを提案した。これに対して学校はシングルのブレザーに改めて、それを正式な制服とすることに決めた。当時、同校指導部の女性教諭がこう話している。

「誰にでも似合う事は必要で、たとえよい型でも一部の生徒達のみに似合い大部分の生徒にはどうかと思われる型も困ります。又流行を多分にとり入れた場合におくれた時に再選定という浮動した型でも困ります。（略）又生徒は、少女期から一躍青年女性に転換しつつありますので、子供らしからぬ然も大人の型すぎぬ型で（略）」（『日比谷高校百年史』1979年）

ダブルは大部分の生徒には似合わない流行もので大人の型、というジャッジが下されたと読むことができる。1950年代である。ファッション的な要素を排した無難さが追求されたといっていい。

旧制高等女学校が新制高校となり、男子を受け入れたときの制服はどうだったか。ほとんどが詰襟である。現在のようにブレザーを採用するという発想はなかったようだ。女子は旧制高等女学校時代に着用していたセーラー服が踏襲されたケース、ブレザーやジャンパースカートを採り入れたケースに分かれた。

神奈川県立川崎高校——作業服、女車掌の勤務服と評判は散々

新制高校が共学化するにあたっては、3つのケースがあった。

（1）旧制中学を前身とする高校に女子、高等女学校を前身とする学校には男子を初めて受け入れる。前出の都立高校などで、このケースがもっとも多い。（新規に男女入学）
（2）旧制中学と高等女学校が再編されて新制高校を作って男女を受け入れる。前出の岡山、鹿児島のケースである。（学校再編で新規に男女入学）
（3）旧制中学を前身とする高校が、高等女学校を前身とする学校から女子を受け入れる。その反対で、高等女学校が前身の高校が、旧制中学の男子を受け入れる。大阪の府立高校に見られた。（学期途中で男女を振り分け）

制服がどのように制定されたかを見てみよう。

（1）新規に男女入学型

まず、前身が男子校＝旧制中学のケースである。

都立小石川高校（旧制都立五中）では、保護者で作られた「母の会」が女子生徒の私服を何とかしなければと頭を悩ませていた。パーマ、サンダルやハイヒール、素足、胸元が大きく開いたブラウス、ミニスカート、ハデな口紅などがやり玉にあげられる。一方で「制服は軍人か巡査が着るもので今さら制服統制もあるまい」という反対論が出た。結局、学校は母の会の意向を受け入れ、制服を決める。紺か黒のジャンパースカートに決まった。

だが、強制しなかった。あれば便利という人のために標準服という形をとっている。当時の校長は好きなようにさせ、こんな話をしている。「業者が勝手に作って売るのを、校長が禁止しないだけのことさ」（『「立志・開拓・創作」―五中・小石川高の七十年―』1988年）。1990年代、私服通学可の学校で、生徒が洋品店で買った「なんちゃって制服」を認めていることを思い起こさせる。

神奈川県立横浜緑ケ丘高校（旧制横浜三中）も、私服だった1950年前後、真っ赤なカーディガンを着用する生徒が現れ、その後、華美を競うような服が登場した。学校が頭を抱えていたとき、保護者から女子の制服を決めてほしいという強い要望が出てきた。

このころ、都内新宿伊勢丹デパートで全国高校制服コンクールの入賞展がおこなわれており、同校教員と母親が入賞作品からおおまかなデザインを参考にする。それをもとに教員、生徒、保護者で話し合って、最終的なデザインを決定した。濃紺のブレザーにジャンパースカート、ブラウスは白の長袖、ブレザーはダブルで4つのボタンとなった。ダブルにした理由について、学校史でこう記されている。

「一つは体の線が露骨に現れないようにとの配慮からで、もう一つはそのころ布地が潤沢でなかったので三年間着用したあとで裏返して再利用する際に少しでも都合がよいようにとの親心であった」(『横浜三中・三高・緑高六十年史』1983年)

貧しい時代、リサイクルの発想を採り入れていたという意味で、先進的といえよう。

神奈川県立川崎高校(旧制川崎中)では、1952年、女子生徒を含めた制服制定委員会を設置して、どのようなデザイン、色彩にするか検討された。ここで、家庭の経済状態を考慮して、生徒の手で縫える型のもの、という注文がつけられ、ブラウスに毛の生えた程度のものに限定された。その結果、上着はステンカラーでボタンはダブル、スカートは箱形となった。なお、制服着用を義務づけることはなく、あくまでも標準服という位置づけであり、生徒は「校服」と呼んでいた。

当時の「生徒服装に関する内規」には、「家庭における子弟の衣料に対する失費を防止する一助」と明記している。デザイン、機能性よりも経済性を優先させたといっていいが、これが裏目に出てしまう。ポケットが多く実用的であり、冬場はあたたかく着られるものの、仕事をする人には向いているが通学服には適さないと評されてしまう。1950年代の卒業アルバムに掲載された女子に校服姿は少ない。当時の女子生徒がこう綴っている。

「いったい、本校の女生徒の規定校服はあまりに職業的臭が強すぎる。一口にいえば一般女車掌の勤務服だ。たしかに合理的実質的ではある、（略）真冬この上ない保温装置をぬぎすてて、セーター或はセーラー服を着、活動に最も良いのにセーターの上にボックス或はジャケツを羽織るのである。では女学生はどうしてこんなトンチンカンなことをやるのか、これは女に特有の非合理性を多分に含んだ美を求める気持があるからである。（略）ところが校服は職業的、スカートは表現するのに足りなすぎ、その上、女なる故に強い虚栄心も手伝ってつい反校服的服装になる」（『神奈川県立川崎中学校・高等学校六十年史』1987年）

この女子生徒の制服観からは高校生という身分の優位性が感じ取れる。1952年の女子の高校進学率は42・1％にすぎない（通信課程を除く。文科省学校基本調査）。当時の川崎高校は入学するのが難しい名門校で、女子の大学、短大進学率が高かったことから、エリート意識を抱いていたゆえの見方だったかもしれない。

そして、この「トンチンカン」さにファッション性があることに、学校は気づかない時代であるが、あまりの不評ゆえ、1957年に新しいブレザー型に変更した。

都立新宿高校（旧制都立六中）はブレザー、ジャンパースカートを選んだが、その理由について、学校新聞がこう伝えている。

「この服は若さのシンボルといわれるセーラーに代わるべきものですから、あくまで若さのあふれたものでありたいと思います」（「朝陽時報」1950年10月1日）

愛知県立岡崎高校――文化程度の高い都市ほどセーラー服よりもスーツが多い

静岡県立沼津東高校（旧制沼津中）では、1952年、女子生徒が制服委員会を設けてデザインを決定している。生徒の自主性を重んじるため、学校はいっさい関与しなかった。ブレザーで6つボタンのダブル、スカートは箱ひだ2つ、色は紺か黒に決まった。学校史で同校教諭がこう記している。

「県内のほとんどの高等学校で従来型のセーラー服であった。しかし、しだいに進学校を中心に背広型に転換していったのであるが、本校の制服はまさにその先駆け・モデルとして他校に大きな影響を与えたものと考えられる」（『沼津中学沼津東高百年史』2001年）

愛知県立岡崎高校（旧制愛知二中）は1954年に女子制服をブレザー型に決めた。前年1年間かけて全国の学校にアンケート調査を行っている。また、数種類の制服を生徒に着せてファッションショーを開き、どれがいいか、ブレザーにした場合はダブルかシングルか、ボタンの数はいくつがいいか、など生徒に投票させてデザインが確定している。制服制定を担当した教諭がこうふり返っている。

「文化程度の高い都市ほどセーラー服よりもスーツが多い。生徒の中にはセーラー服への郷愁も強かったが、全校投票で定めた」（『愛知二中岡崎中学岡崎高校九十年史』1988年）

生徒はさまざまな反応を示した。学校新聞が伝える。

「私達のようにセーラー服を着慣れているオカッパ頭にあんなスマートな服が似合うかしら」

「私が背が低い上にあんな丈の長い上着を着ると余計小さく見えるでしょう。やだなあ」

「大学生みたいで素敵だわ」

（「岡崎高校新聞」１９５３年10月８日）


ここから読みとれるのは、セーラー服が子どもっぽい、ブレザーが大人びている、と考えられていたことだ。全国の高校で制服を定めるとき、ブレザーが支持されたのは、教諭目線では子どもっぽく見えないので知的に見える、生徒目線ではもう子どもでなく憧れの大人のようになれる、ということだろうか。あるいは、セーラー服に古い時代がつきまとう、ブレザーは新しさを感じさせる、のだろうか。

ブレザー（背広）の普及について、沼津東高校教諭は「進学校を中心に」と、あたかも進学校の象徴とみなしている。岡崎高校は「文化程度の高い都市」に多いと言い切る。ブレザーは都市部の進学校、セーラー服は地方都市の非進学校という見立てが示されたわけだが、これらはデータに裏打ちされたものではない。感覚的な物言いである。都市部でも地方でもセーラー服の進学校は存在した。東京都立竹早《たけはや》高校、福井県立藤島高校、鹿児島県立鶴丸高校などである。

たしかに都道府県のトップの進学校では女子制服にブレザー型が多く見られる。だからといって、制服のデザインで学校の特徴（進学実績、地域性、難易度）を決めつけることに合理性はない。この説を押し通すのはきわめて危険だ。学校を貶《おとし》めるネガティブなレッテルが貼られかねない。

2020年現在、制服のデザインによって学校に悪しきレッテルが貼られる言い方はほとんど見られない、という意味では、今は健全と言える。もっとも、そう感じ取った学校側が制服のモデルチェンジを進めたという事情はあるが。

都立駒場高校——吉永小百合はセーラー服姿で撮影所に通った

前身が旧制中学の場合、女子の制服はブレザー型が多く見られた。一方でセーラー服にこだわった学校もある。

1952年、千葉県立木更津高校（旧制木更津中学）はセーラー服を選んだ。学習院女子部のセーラー服をモデルとし、当時の小中学生の着用していたセーラー服と区別し、大人らしさと向学心・向上心を表現するためにいくつかの工夫をしている。デザインを担当した岩坂千重は、セーラー服制定から50年後も、その誇りを抱き続けこう話している。

「他の高校では女子の制服がブレザーに変わっていく中で、木高のセーラー服だけが半世紀近く着続けられている。この制服に込められている思いを大切にしていただきたい」（『木高百年　通史篇』2002年）

70年近く経った2020年まで、セーラー服は続いているが、「伝統が足かせになっており、変えられない」という声も聞かれる。

秋田高校は1951年に共学となった。女子の制服は成り行きで決まったといっていい。「特に制服を指定せず、華美にわたらなければまちまちでもいいという考えで入学式をむかえた。ところが、三十名中の十八名までがセーラー服であったので、月が変わらないうちに他の十二名もセーラー服になってしまった」(『秋高百年史』1973年)。

なお、同校は、1971年に制服の自由化が決まった(104ページ参照)。

前身が高等女学校の場合、高女時代のセーラー服が継承されるケースが見られた。強制力はなかったようで、都立白鷗高校(第一高女)、駒場高校(第三高女)などではブレザーも見られた。1960年代前半、女優の吉永小百合が駒場高校に在学していたことがあり(のちに他校へ転校)、彼女が駒場のセーラー服を着て撮影所に通う姿が週刊誌に掲載されていた。

都立竹早高校(第二高女)はセーラー服にこだわりをもっていたようで、学校史に戦後の制服制定、移り変わりについてこんな記述がある。


「この混乱が収まるにつれて、伝統的な第二高女のセーラー服が復活する。戦前はセーラー服のネクタイは普通に結んでその先端を比較的長く垂らしていたが、戦後になってなぜか結び目から出る先端の長さが短くなっていった。昭和三十年前後には先端を結び目の中にすっぽり入れてしまう「竹の子結び」が広く見られるようになった。(略)竹早の象徴でもあった」(『竹早の百年』2003年)

セーラー服の着こなし方で、竹早は自らのブランド力を訴えたかったようだ。

大分県立大分上野丘高校――フランスのセーラー服を取り寄せて研究

(2) 学校再編で新規に男女入学

岡山県立岡山操山高校(旧制岡山二中と第一岡山高等女学校を統合再編)では、女子の制服を決めるにあたり、校内でデザイン募集のポスターを貼るなど広くアイデアを求めた。しかし、選定会議の結果、旧制の女学校を踏襲したにすぎなかった。学校新聞が伝える。

「簡素にして、気品のある服装こそ真の学生の姿であり、又現在の日本人の生活から考えて制服を制定した。型は男子が岡山二高時代のものを着用し、夏は半袖シャツに白ズボンで、シャツの裾を入れる。女子は高一女時代のものを着用する。但し、コート、バンドの黒線を省く、夏は半袖ブラウスにスカートを着用」(「操陵新聞」1950年5月)

山口県立山口高校（旧制山口中学、山口高等女学校などを統合再編）において、1950年、女子の制服が決まり、セーラー服、ブレザーのどちらでも認めるということになった。セーラー服は紺または黒、襟に白線を3本つけ、ネクタイは濃いえんじ色が指定された。学校史に注目すべき記述がある。

「スカートは必ずひだのあるもの、また、スカートのかわりにスラックスを用いてもよいとされた」（『山口県立山口高等学校百年史』1972年）

1950年代、性的少数者への配慮という概念は登場していない。したがって、山口高校がなぜズボン（スラックス）をOKにしたのか謎である。たいへん興味深い。今から70年前に女子高校生はスカートをはかなければならない、という考え方にとらわれなかった。これは、とんでもなく自由な発想によるもので、結果として多様な性を尊重することになったと言えよう。残念ながら、1963年、ブレザーに統一されてしまい、スラックスも姿を消したようだ。

宮崎県立宮崎大宮高校（旧制宮崎中学、宮崎町大淀村高等女学校などを統合再編）では、学級自治会において女子はセーラー服と決定した。これで制服は事実上、セーラー服となった。このころ、戦時中に、セーラー服から国民服に切り換えられた名残が見られた。貧しい時代の制服を、学校史がこう描いている。

「ヘチマ襟の前ボタンの上着で、それにスカートだったのだが、戦争末期にはモンペに取って代わった。戦後にセーラー服が復活したが、お下がりや譲り受けにあずかった者はいいほうで、母たちの紺のスカートなどをくずし、継ぎはぎして作ったセーラー服を着ていた者が多かったという」（『大宮高校百年史』１９９１年）

大分県立大分上野丘高校（大分中学と大分高等女学校が再編統合）は、１９５７年に女子制服を作っている。同校教諭がデザイン画をいくつか生徒に見せたところ、セーラー服に人気が集中したので、教諭は最高のセーラー服を作ろうとはりきった。その様子がこう記されている。

「東京からフランスのセーラー服を取り寄せ、解体したり何度も工夫、研究の末、若い女生徒の体の線が極端に出ないように箱形とし、夏は明るいライトブルーのスカートに一六本の車ひだ、冬は紺色に二四本の車ひだ、襟線は〇・四センチ幅の白線三本、襟生地はスカート生地を使用し身返し続き、（略）などして現在の制服が作られた」（『上野丘「百年史」』1986年）

大阪府立池田高校――「女子高校生の範と称えられた」と自画自賛

（3）学期途中で男女を振り分け

乱暴にいえば、旧制中学と高等女学校の男女の生徒をそれぞれに振り分けるということだ。大阪の府立高校で見られた。旧制北野中学の男子と大手前高等女学校の女子が北野高校と大手前高校に振り分けられた。1948年9月、大阪府立夕陽丘高校では正門前に女子が並んで、一列縦隊で校内に入る男子を拍手で迎え入れていた。このなかに、作家の小田実がいた。こうふり返っている。

「私がいた（旧制）天王寺中学と（旧制）夕陽丘高女の生徒、教師を半数ずつ交換して、それぞれを（新制）高校にするという画期的方法によってなされた。男女共学は私に民主主義を実感させ、その実施の方法は「革命」の可能を信じさせた」（小田実のウェブサイト。現在は閉鎖）

府立天王寺高校では１９５０年、制服を決めるにあたって、家庭科を履修した生徒からデザインを募り、ブレザーが選ばれた。学校史で「ダブルで６つボタンは当時のトップモードだった」（『桃陰百年』１９９６年）と自画自賛するほど、誇りを持っていたようだが、同校は２０２０年現在は大阪府立高校のなかで数少ない私服通学可の学校である。往年の流行の最先端制服を知る者はいないだろう。

府立池田高校では家庭科教諭がかなり力を入れていた。まず生徒からデザインを募り、85％以上の支持を得たツーピース襟なしをベースに手直しを繰り返した。さらに、美的センス、機能、経済性の３点を均一に重視し、全国の高等女学校の制服デザインを可能な限り集めて検討している。こうしてシングルのブレザー、スカート（ひだ数20）が決定する。この学校も絶対の自信を持っているようで、学校史での自画自賛ぶりがすごい。

「完成した本校の制服は当時新制女子高校生の範として称えられ、後に多くの学校が参考したといわれている。ファッション過多の現在でも、今では標準服と呼ばれるこの制服に異を唱える者は、ほとんどない」(『池田五十年史』1990年)

1980年代、頌栄女子学院、嘉悦女子のタータンチェックは制服業界に大きなインパクトを与えており、今日ではすっかり定着している。これこそ「範」と言える。それに比べると、池田高校のツーピース襟なしは、1950年代、どの学校でも思いついたアイデアであり、学校制服史に名を残すほどではない。

府立四條畷《しじょうなわて》高校は、1952年にセーラー服に決まった。それまでは、「以前在籍していた女学校の制服で通学する状況だった」(『畷百年史』2006年)。同校は1996年に私服通学が認められた。旧制中学をルーツに持つ学校で、1990年以降に私服が認められるというケースはきわめてめずらしい。

府立岸和田高校でも、1951年にセーラー服に決定する。だが、選考過程ではブレザー型のほうが支持されたようだ。学校史が舞台裏を教えてくれた。

「各組2人の服装委員を選び、服装委員会が組織され、そこで173案の冬服案が示された。そのうち101案が背広案であった。その後2回投票し、希望スタイルに学校側の意見を入れ、冬制服が制定された」(『岸和田高等学校の第一世紀』1997年)。

セーラー服にひっくり返ったのは、「学校側の意見」に従わざるを得なかったからだと容易に想像できる。

ところで、大阪の他の府立高校をみると、高等女学校を前身とするところは新制高校へ移行してから女子生徒の制服が次のような変遷をたどっている。

(1)新制高校移行時から現在までセーラー服
佐野、清水谷、泉陽、山本、夕陽丘

(2)新制高校移行時はセーラー服だが、のちにブレザーとなり現在に至る
和泉、和泉大津、大手前、大阪わかば、河南、春日丘、境、桜塚、大正白陵、登美丘、寝屋川

(3)新制高校設立時から現在までブレザー

阿倍野

なお、前身が旧制中学で現在はセーラー服の学校は、茨木、八尾、富田である。

前記のうち、標準服設定で私服通学可なのが大阪わかば、富田林、夕陽丘、山本。また、私立で、セーラー服着用が大阪信愛学院、大阪成蹊女子、金蘭会、プール学院、明星学院となっている。

(参考：『セーラー服の社会史』井上晃　青弓社　2020年)

宮城県宮城第二女子高校(現、宮城二華中学校・高校)——体位が向上しセーラー服は適さない

旧制中学、高等女学校が新制高校に継承されるにあたって共学校にならなかったケースがある。宮城、福島、群馬、栃木、埼玉である(福島は新制高校発足時に共学化されたが、別学に戻っている)。

宮城県宮城第二女子高校(宮城二女)は、旧制宮城第二高等女学校(二高女)の最後のころ(1947年)、「服装はなるべく制服(セーラー服)を基準として、ズボン・スカートはどちらでもよい」という指導を行った。しかし、強制力はなく、制服は用意できない家庭もあったことから、自由な服装が認められていた。一方で、教員からは個性を伸ばすため、制服は必要ないという意見も出ていた。ところが、一部の生徒の服装が華美になってくる。質素で地味な生徒との差があまりにも開いてきた。これは家庭の経済格差の反映でもあった。そこで、制服着用を決めて、制服制定委員会を作った。1948年、新制高校に切り替わると、同委員会は全国の高校にアンケートをとって制服の実態を調査、試作の作成などを行ってさまざまな検討がなされた。

学校史では制服決定にいたるまでがこう綴られている。

「その結果、生徒の年齢が二高女時代より上回り、体位も向上しているので、もはやセーラー服は適さないと判断し、男子の背広のような、形式の定まったシングルのスーツ型を基本形とすることを決定した。（略）昭和二十五年、制服に対する生徒の考えを参考にするため、生徒服装委員会が設けられた。ところがこの生徒委員会は、自らの手で二女高の制服を製作しようと積極的に活動し、自分達で色やデザインを研究しはじめた。こうして家庭科の先生方の指導のもとに、二十三年の雛形《ひながた》を参考にしながら、生徒委員の積極的な研究によって完成したのが本校の制服である」（『二女高百年史』2005年）

新制高校のほうが旧制高等女学校よりも年齢が上回る。これは高女が5年制であり学年ごとの修了時の年齢は13～17歳であるためだ。新制高校は16～18歳。宮城二女は新制高校のほうが1年上回っていることに着目して、それだけ身体が成長するのだからセーラー服は似合わないと判断してしまった。いまの中学生にあたる高等女学校1～3年（13～15歳）のセーラー服を、新制高校3年（18歳）に着させることについて抵抗があったのだろう。体位を根拠としているが、セーラー服は子供っぽさがあり18歳には適さないと思ったのかもしれない。

また、「自らの手で二女高の制服を製作」というのは、学校は想定していなかったようだ。結局は生徒主体で制服を決定したということになる。紺のブレザーで襟は開襟そして4つボタンで張り付けポケット、スカートは4枚はぎ、ブラウスは白で角襟となった。その後、セーター、ベストが認められたが、大きな変化はなかった。

2010年、宮城二女高は共学化され宮城二華中学校・高校の中高一貫の進学校になり、女子の制服は変わらず、男子は詰襟を採用している。同校は2016年に中高一貫校1期生から東大合格者8人を出した。宮城では仙台一高、仙台二高以外の高校で初めて東京大合格数1位校となり話題となった。
1950年、群馬県立高崎女子高校の制服は決まった。制服作成の中心となったのは同校のクラブの一つ服飾部であり、「華美な服装をしている方があるから、私たちの手で学生らしい健全な制服を作りたい」とはりきっていた。約1年かけて新制服を作った。襟が丸いブレザー、胸元が四角くあいた大きいジャンパースカート、白のブラウス、6枚はぎのスカートというデザインだった。

「この制服は流行にとらわれず、誰にでも似合いそうな高校生として気品のあるスタイルにという点に重きをおき（略）制服と言ってもあまり堅苦しいものではなく、従来のセーラー服とは全く異なる位スーツ型が選ばれたのである」（「高女高新聞」1950年、第4号）

ここでもセーラー服は避けられた。

浦和第一女子高校――35年間でスカート丈が15センチ以上短くなった

旧制高等女学校は圧倒的にセーラー服が多い。しかし、新制の高校になるとなかなか引き継がれなかったようだ。どこも人気投票を行ったら、セーラー服はブレザーに勝てないだろう。なぜか。宮城第二女子、高崎女子の言い分を意訳すれば年齢や体型に合わない、気品のあるスタイルとは言い難い、ということである。おそらく多くの女子高校生もそう思ったのではないか。

男子の場合、旧制中学から新制高校に変わっても詰襟を廃止するという発想にはならなかった。詰襟に代わる制服は戦後まもないころから1960年代まで、登場しなかったからに尽きる。ブレザーが本格的に登場する1980年代まで待たなければならなかった。別学をすすめた宮城の仙台一や仙台二、群馬の高崎や前橋は詰襟以外。選択するという発想はない。これは全国的な傾向である。

1949年、埼玉県立浦和第一女子高校は制服を制定するが、ここでも高等女学校時代のセーラー服が新制高校になって姿を消す。制服誕生にあたっては、服装選定委員会を作り、各クラスから生徒会に生徒たちが集まって話し合いがもたれた。1950年に新制服が生まれた。ブレザー、ブラウス、フレアースカートなどである。ブレザーの胸にはポケットが付いていていない。これは、おしゃれ用のハンカチを入れないようにするためだった。

スカートはひだかフレアーかで意見が分かれたが、フレアーに決まった。使う布が少なくて済む、中学生の時のスカートを直して作ることができる、が理由だった。

浦和一女の教員が都内の百貨店の展示場で新しい制服とそっくりなデザインのものを見つける。そこには「日比谷高校・女子の制服」という説明が記されていた。この教員は学校史でこうふり返っている。「本校生徒と好みが似ているのかと興味深く感じたことを憶えております」(『百年誌 麗・ゆうかりとともに』2000年)。おそらく、当時、「天下の名門校」の日比谷高校と同じデザインだったのは、嬉しかったであろう。

すこし、話はそれるが、名門校、伝統校、進学校の制服を参考にする、模倣する学校は1950年代も2020年現在も見られる。学校経営者の、あこがれの学校にあやかりたい、目標に近づきたい、と願う気持ちの表れといえる。実際、そう話す私立高校経営者はいる。とくに自分の出身校が旧制一中を継承した名門校であれば、その思いは強い。ただ、それは経営者だけの胸に秘めたほうが良さそうだ。生徒に伝われば、名門校を真似たのかと自尊心を傷つけてしまうから。

話を戻す。日比谷とよく似た浦和一女の制服、じつは評判は芳しくなかった。学校新聞が風紀委員会を問いただしている。制服の決め方が悪い、冬服の背広とスカートが合わない、スタイルが悪いと72%が反対した、など生徒の不満を伝え、それに対して風紀委員長はこう答えている。

「決め方があまり良くなかった様だ。夏休みの宿題として型を考えさせ、その中から四人の服装委員と若干の先生が一〇種類位選び出し、全校生徒の投票によってその中の一つをとったわけだが、卒業を目前にした三年生は少しばかりまじめさを欠いていた様だ。(略)背広、スカートを別々に投票したので、マッチしないのも当然だと思う」(「浦和一女新聞」26号)

いい加減に制服が作られたことを白状してしまった。これでは後輩たちはたまったものではない。その後、生徒から、上着にポケットを付けてほしい、やぼったいブラウスよりワイシャツにしてほしい、などの要望があったが、制服規定が大きく改正されることはなかった。浦和一女の保護者がこんな意見を述べている。

「制服の乙女という古い名称の殻の中に閉じこめておきますには、今の世代の女子高校生は余りにも若さに溢れ溌剌《はつらつ》としております。更に申し上げますなら、人生の中最もおしゃれをしたい年代にありながら学生なるが故に、ありきたりの服装に甘んじていなければならないという事は、余りにも可哀そうな気が致します。尤《もっと》も、修業する身におしゃれは不必要と云ってしまえばそれまでですが……」（「浦和一女ＰＴＡ新聞」１９６０年3月20日）

ものわかりが良い。60年前、恐らく母親であろう保護者は生徒サイドに立って意見を述べている。戦後民主主義がしっかり定着して、人権意識を持っていたからだろう。

その後、浦和一女の制服に関する規定は時代に合わせて変化する。スカート丈のルールが緩やかになった。

１９６1年　床上がり35センチ内外　２４０センチ前後
１９７2年　床上がり40センチ内外　２４０センチ以内
１９７5年　床上がり45センチ内外　２００センチ内外
１９７9年　膝の中央から5～10センチ下　１６０～１８０センチ

1996年　膝の上端から膝の中央より10センチの間　同右
2000年　同右　同右
（上はスカート丈、下はすそ回り。出典・『百年誌　麗・ゆうかりとともに』2000年）

およそアバウトな見立てだが、35年間でスカート丈が15センチ以上短くなったことになる。

同校の1998年の卒業アルバムで女子生徒のグループ写真から、膝上20センチ近いミニスカート、ルーズソックス姿を見ることができる。県下で難易度ナンバーワンの公立女子高であり、「不良」少女は数少ないと思われる。したがって、ミニとルーズソックスの組み合わせはいわゆる「不良ファッション」でないことがわかる。

第3章

制服自由、伝統校の矜持

「なんちゃって制服」を着るためには制服自由が大前提

1990年代、制服モデルチェンジが盛んに行われ、街にかわいいタータンチェックのスカートがたくさん現れた。いまでも十分に見ることができる。息の長い制服ファッションだが、これを支えているのは、新たにタータンチェックを採り入れた学校だけではない。このデザインを真似た服を着た女子が出現したからだ。制服ではないのに、制服っぽいデザインになっていることから、女子のあいだでは「なんちゃって制服」、学校からは「制服ルック」と呼ばれている。

1980年代以降に登場した頌栄、嘉悦、品川女子学院などの制服がかわいいとして女子に受け入れられたが、これらの学校の生徒でないと着ることができない。ならば、似たような服を自分たちで組み合わせて制服っぽくみせよう、という発想がここにはある。そういう意味では、後付けだが、頌栄、嘉悦、品川女子学院は「なんちゃって制服」の産みの親と言えないこともない。

だが、「なんちゃって制服」を着るためには絶対的な条件がある。「なんちゃって制服」を着ることができる学校、つまり、通学に何を着ても許される制服自由の学校の生徒でなければならないことだ。なお、「なんちゃって制服」は、制服がある学校の女子がいったん帰宅後、外出するとき私服として着るケースもある。繁華街での遊び服としてだが、これは「なんちゃって制服」の主流というわけではない。

制服自由の学校。地域によってはまったく見られず、なじみはないかもしれない。また、身近に制服自由の学校があったとしても「あそこが特別だから」と普通ではないようなイメージを抱かれることがあろう。

学校に制服はあたりまえと考える学校経営者、自治体からすれば奇異に映ることもあるようだ。制服メーカーからすれば商売を妨害しかねない、とんでもない存在である。

なぜ、その学校は制服が自由なのか。歴史や背景、校則のあり方、など意外に知られていない。そこで、本章の前半では1970年前後に制服自由化を実現した学校を検証する。学校史を基礎資料とし引用が多い。ご容赦願いたい。だが、ここにこそ制服の意義、あり方が詰め込まれており、2020年現在の制服をとりまく問題に通じるものがある。後半では2020年現在、制服自由の学校を訪問し、管理職（校長、教頭）や生活指導担当教師から制服自由が定着した背景を問うた。

制服は生徒を支配、管理する道具

制服自由の学校について、その背景、特徴を次のように分類してみた。

(1) 学校の教育方針

設立時から制服は必要なしと考えた学校。自由を尊び個性を尊重する。そもそも校則がない＝自由の森学園、和光、校則はあるが制服規定はない＝恵泉女学園、立教女学院など。

(2) 制服制定の機会がなかった

学校の方針というより、生徒や教職員から制服を作ろうという動きがなかった栃木県立宇都宮女子高校、長野県長野高校など。

(3) 生徒からの自由化要求を認めた

1960年代、70年代の高校闘争において、生徒から要求された制服自由化を学校が認めた。このケースがもっとも多い。全国で100校以上、生徒が自由化を勝ちとったと推測できる。

(4) 教員主導で自由化

生徒からの要求ではなく、教員が生徒の自主性を尊重するために制服を廃止。このケースは少ない。

(5)「不良」学生服着用防止

きわめて珍しいケースだが、学生服の変形、長ラン、ボンタン、ドカンなど不良スタイルをさせないために制服を廃止した。

前記のうち、もっとも多く見られた(3)のケースについて具体的に見てみよう。

これらの学校の多くは、もともと制服着用が義務づけられていた。しかし、1960年代後半から70年代前半にかけて全国的に高校闘争が起こり、その過程で生徒たちは制服自由化を求めたのである。

高校闘争とは、高校生が学校側に生徒心得や校則の撤廃、表現の自由、集会や結社の自由、試験制度の廃止、自主講座の実施、政治活動の認可などをもとめた活動である。また、政治的なテーマとしてベトナム戦争反対、日米安保条約破棄、佐藤栄作政権打倒なども訴えていた。

学生運動が盛んな時代だったが、多くの学校で高校生の運動が見られた。このなかで、高校生は制服のあり方を追究することになる。制服は、学校が生徒を管理、統率、抑圧することの象徴と位置付けていたのである。

制服自由化を要求したのは次の理由からだった。

(1) 戦前の軍国主義の産物　時代錯誤的である。もともと軍服を模倣したものである。戦後、すぐに廃止すべきだった。

(2) 教育に服装の統一は不要　生徒一人ひとりの個性を制服によって奪い去ってしまう。

(3) 身体の可動範囲を狭める　詰襟、セーラー服を着ていると体を自由に動かしにくい。不便だ。

(4) 制服着用で行動に制限　学校外でも制服を着ていることで自由に行動できない。当時は一度、自宅に戻ったあとでも外出時に制服着用を求める学校があった。

(5) 学校の生徒に対する管理強化　強制的なおしつけによって生徒を支配、管理する道具にすぎない。

(6) 学校差で優劣意識が顕在化　制服と校章によって、難易度が高い伝統校と高くない新設校、あるいは普通科校と商業科や工業科校とのあいだで学校差意識が生まれてしまう。それによって優等意識、劣等感を抱かせてしまう。

女子学院高校でバリケード封鎖

制服自由化を果たした学校を紹介しよう。

女子学院高校である。

1969年11月10日、女子学院高校2年生10人が校舎北館入口に机と椅子を積み上げてバリケード封鎖した。彼女たちは「日常性を一時停止することで何が自分にとって問題かを考えるためにバリケードを築いた」と説明し、①「習う」から「学ぶ」への転換、②受験体制合法化の拒否、③定期試験準備教育の否定、などを訴えた。

封鎖はすぐに解かれたが、それから2日間、授業は行われず、女子学院の教育をめぐって教師と生徒の討論会が行われた。自分から学問に向き合いたい、受験のための教育を受けたくない、そして、「習う」や相対的に評価されるという管理教育に反対するという議論が噴出している。学校からの締め付けを嫌った生徒たちからは、制服自由化を求める声があがった。

女子学院はそれに応えるかのように服装規定を廃止した。当時、大島院長はこう話している。

「服装は本来自由なものであって、通学服も同じこと。自分にふさわしいものを選びとっていくことが大切。このためには規定は邪魔になる。規定がある以上そのスレスレの線でいろいろなトラブルが起こり、〝まじめ〟な生徒から「注意してやってください」という声があれば、教師も、その規定に疑いをもっていても、建て前上、「違反している生徒」に注意せざるをえなかった。こうした「防犯協力会」を連想されるような監視する空気は、教育上マイナスが大きく、とりのぞかなければならない」(『女子学院の歴史』1985年)

このとき、中学1年生が制服自由化について拒否反応を示している。女子学院は当時も難関校である。相当な受験勉強を経て入学した「あこがれの女子学院」の制服には、愛着は強かったからだ。「JG」というバッジをつけられないことにも不満を抱いていたようだ。黒板には「私服反対」と落書きがなされ、「自由化反対」というプラカードを作って院長に陳情する計画があったという。これに対して、高校生は制服自由化を喜んだ。中学

1年生が「JG」バッジを付けて「優越感」に浸るために、自由化反対を訴える姿を冷ややかに見ていた。

このころ、立教女学院の小川清院長がこう話している。同校は開校以来、私服通学を認めている（140ページ参照）。

「スカートが短すぎるなど、自由であるために、いろんなトラブルが絶えないが、それならいっそ制服にしてしまう、というのでは教育にならない。生徒同士による行きすぎ是正、センスの向上に信頼をおくのが、本当のはず。制服がないほうが自然なのだ」

（サンケイ新聞1971年6月21日）

東京、長野の公立高校で自由化が進む

高校闘争で校舎をバリケード封鎖、授業をボイコットしてストライキを起こす生徒がいた。このときの要求項目として、生徒心得撤廃、表現の自由、検閲の禁止、能力別クラス分け反対、職員会議公開、試験制度廃止、政治活動の自由、そして制服の自由化などが並べられていたが、学校側として職員会議公開という要求を認めるわけにはいかない。その点、制服の自由化は受け入れやすい項目として捉えられていたフシがある。

封鎖、ストライキが起こった学校で、のちに制服自由化にいたった、おもな学校は次のとおり。

札幌南、札幌西、札幌開成、函館ラ・サール（以上、北海道）、仙台一（宮城）、水戸一（茨城）、川越、熊谷（以上、埼玉）、足立、井草、上野、江戸川、国立、小石川、小山台、志村、石神井、新宿、竹早、立川、田園調布、戸山、東京教育大学附属駒場、麻布、女子学院（以上、東京）、川崎、希望ケ丘（以上、神奈川）、旭丘（愛知）、桂、日吉ヶ丘、堀川（京都）、高津、天王寺、阪南、東住吉、夕陽丘（大阪）、甲陽学院、灘（以上、兵庫）、修道（広島）など。

なお、封鎖、ストライキがなかった学校で生徒会からの要求で自由化が認められたケースもある。一方で、これ以上、封鎖を激化させないために制服自由化を実施し先手をうった学校もあった。

また、都市部で封鎖があった学校は、校則が平然と破られる無秩序状態が生まれ、私服

図表3　私服通学が認められている学校①

（2020年７月　判明分）

都道府県	高校
北海道	北海道旭川東高校
北海道	北海道岩見沢西高校
北海道	北海道岩見沢東高校
北海道	北海道小樽潮陵高校
北海道	北海道帯広柏葉高校
北海道	北海道札幌西高校
北海道	北海道札幌南高校
北海道	北海道苫小牧東高校
北海道	北海道函館水産高校
北海道	北海道函館中部高校
北海道	札幌市立札幌開成中等教育学校
北海道	函館市立函館高校
北海道	函館ラ・サール高校
北海道	北星学園余市高校
岩手	県立杜陵高等学校
岩手	盛岡スコーレ高校
宮城	宮城県石巻高校
宮城	宮城県白石高校
宮城	宮城県仙台第一高校
宮城	宮城県仙台第二高校
宮城	宮城県仙台第三高校
宮城	宮城県仙台向山高校
宮城	宮城県宮城第一高校
宮城	仙台市立仙台高校
宮城	東北学院榴ケ岡高校
秋田	県立秋田高校
山形	山形東高校
茨城	県立日立第一高校
茨城	県立水戸第一高校
栃木	県立宇都宮女子高校
埼玉	県立浦和西高校
埼玉	県立大宮中央高校
埼玉	県立川越高校
埼玉	県立熊谷高校
埼玉	県立所沢高校
埼玉	浦和ルーテル学院高校
埼玉	慶應義塾志木高校
埼玉	自由の森学園高校
埼玉	立教新座高校
東京	筑波大学附属高校
東京	筑波大学附属駒場高校
東京	東京学芸大学附属国際中等教育学校
東京	都立青山高校
東京	都立井草高校
東京	都立江戸川高校
東京	都立小笠原高校
東京	都立北園高校
東京	都立国立高校
東京	都立工芸高校
東京	都立駒場高校
東京	都立新宿高校
東京	都立新宿山吹高校
東京	都立総合芸術高校
東京	都立神代高校
東京	都立竹早高校
東京	都立立川高校
東京	都立戸山高校
東京	都立豊多摩高校
東京	都立西高校
東京	都立府中高校

図表3　私服通学が認められている学校②
（2020年7月　判明分）

都道府県	高校
東京	都立町田高校
東京	都立武蔵高校
東京	都立武蔵丘高校
東京	国立音楽大学附属高校
東京	恵泉女学園高校
東京	女子学院高校
東京	成城学園高校
東京	中央大学附属高校
東京	東海大学付属望星高校
東京	桐朋高校
東京	武蔵高校
東京	明星学園高校
東京	立教女学院高校
東京	和光高校
東京	早稲田大学高等学院
神奈川	県立神奈川総合高校
神奈川	県立川崎高校
神奈川	県立希望ケ丘高校
神奈川	横浜国際高校
神奈川	公文国際学園高校
神奈川	慶應義塾大学湘南藤沢
神奈川	日本女子大学附属高校
神奈川	法政大学国際高校
新潟	県立柏崎高校
新潟	県立三条高校
新潟	県立高田高校
新潟	県立長岡高校
新潟	新潟県立 長岡大手高等学校
長野	長野県赤穂高校
長野	長野県梓川高校

都道府県	高校
長野	長野県飯田高校
長野	長野県飯山高校
長野	長野県伊那北高校
長野	長野県岩村田高校
長野	長野県上田高校
長野	長野県上田染谷丘高校
長野	長野県上田千曲高校
長野	長野県上田東高校
長野	長野県岡谷工業高校
長野	長野県岡谷南高校
長野	長野県木曽青峰高校
長野	長野県駒ヶ根工業高校
長野	長野県須坂東高校
長野	長野県須坂高校
長野	長野県諏訪清陵高校
長野	長野県豊科高校
長野	長野県長野高校
長野	長野県長野工業高校
長野	長野県長野東高校
長野	長野県長野西高校
長野	長野県長野吉田高校
長野	長野県野沢北高校
長野	長野県松本蟻ヶ崎高校
長野	長野県松本県ヶ丘高校
長野	長野県松本工業高校
長野	長野県松本深志高校
長野	長野県 松本美須々ヶ丘高校
長野	長野県望月高校
長野	長野県屋代高校
愛知	県立旭丘高校

図表３　私服通学が認められている学校③

（2020年７月　判明分）

都道府県	高校
愛知	南山高校男子部
愛知	南山国際高校
愛知	黄柳野高校
三重	県立昴学園高校
三重	県立津高校
三重	県立津西高校
三重	県立津東高校
三重	県立四日市西高校
京都	京都市立紫野高校
京都	京都市立銅駝美術工芸高校
京都	同志社高校
京都	同志社国際高校
京都	同志社女子中学校・高等学校
京都	立命館高校
大阪	府立今宮高校
大阪	府立大阪わかば高校
大阪	府立春日丘高校
大阪	府立住吉高校
大阪	府立高津高校
大阪	府立四條畷高校
大阪	府立千里高校
大阪	府立天王寺高校
大阪	府立富田林高校

都道府県	高校
大阪	府立花園高校
大阪	府立阪南高校
大阪	府立東住吉高校
大阪	府立布施高校
大阪	府立三島高等学校
大阪	府立箕面高校
大阪	府立八尾高校
大阪	府立山本高校
大阪	府立夕陽丘高校
大阪	桃山学院高校
兵庫	県立芦屋高校
兵庫	県立尼崎北高校
兵庫	県立洲本高校
兵庫	県立星陵高校
兵庫	県立長田高校
兵庫	県立兵庫高校
兵庫	兵庫県立大学附属高校
兵庫	神戸国際高校
兵庫	神戸女学院高等学部
兵庫	甲陽学院高校
兵庫	灘高校
奈良	東大寺学園高校
島根	キリスト教愛真高校
広島	修道高校

原則として全日制高校が対象。通信制、夜間のみの学校は含まれていない。『高校生活指導』（1995年春号　青木書店）の特集企画「全国高校私服カタログ」に紹介された190校を調査。1995年以降設立の学校、および同年以降に私服通学可となった学校は独自に調査した。式典着用必須の「標準服」「基準服」が制定されている学校を含む。

での登校が既成事実化されるところがあった。制服自由化を掲げることなく、勝手に私服登校して、なし崩し的に自由化を認めさせる。都立高校、大阪の府立高校でしばしば見られた。

学校にすれば、制服自由化は学校のあり方を根幹から揺るがすようなことではない。教育委員会からの「制服着用を守らせよ」という通達や見解もない。節度を守らせれば問題は起きないだろう、という判断である。

1960年代後半から70年代前半にかけて、制服自由化になった学校について、正確な集計はとられていない。100校以上はあったと推察できる。学校史、報道で確認する限り、全国的にみると制服自由化に踏み切った学校は東高西低といえる。

公立高校に限って言えば、当時自由化の比率としては東京と長野が全体の半分近くを占めた。制服自由化が実現したのが10校以上の都道府県は北海道、宮城、東京、長野、大阪、兵庫。5校以下は埼玉、千葉、神奈川。愛知は旭丘高校1校のみ。中国、四国、九州で制服自由化はほとんど見られなかった。

参考として、現在私服通学が認められている学校を表にまとめた（図表3）。

同じ服装でなければとれない統制に意義があるのか

学校を封鎖あるいはストライキという強硬な手段をとらなくても、「合法的」に制服自由化を勝ちとったケースもいくつか見られた。

北海道旭川東高校では生徒会が制服自由化を求めて学校と交渉している。自由化を求めた生徒が生徒会長に立候補して当選したことによる。少し長いが、自由化要求理由の全文を引用しよう。

「基本的に、服装に関して、生徒の特定のものの着用を強制することは、一人ひとりの意志を無視したものであって「教育的」な価値はみとめられない。むしろ制服制度は、現在の学校教育の一つの面でしかない。そして、我々の「制服制度廃止!」という要求の中にこそ「教育的」な意義を見出すべきだと考える。

「廃止反対」の理由として、いわゆる「貧富の差」の問題があげられているが、その存在は制服によってもかくしきれるものではなく、現に「不安」を持っている事実から、そのことが示される。したがってその解決には別の手段を用いなければならないと考える。

「連帯感がある」「統制がとれる」等々の反対「理由」にも基本的にそれらを生み出すのが一人ひとりの自覚であり、制服の着用という強制によってうまれるものではないことは明らかである。我々は共通の目的、たとえば現在までの制服制度の廃止といった要求を勝ち取るために運動する等々の行動を共にする中で、又スポーツの中で、真の連帯をうみだそうではないか！

「統制」も又然りである。同じ服装をしていなければとれない統制にどんな意義があるのだろう。逆に我々がその制度に不満を感じ、強制を感じ、反発を感じている事はその制度が統制の必要を教えるものなどではなく、強制を教えるものであることを示している。

最も大事なことは、生徒一人ひとりの意志を尊重するということである。

制服制度の廃止を要求する理由は以上のようなものである。学校側が我々の要求をすみやかにみとめることを強く要求する。昭和四十八年九月二十五日」

制服自由化についてしっかり勉強し理論武装したこと、さらに、だれが読んでも理解でき支持されるように文章をわかりやすくしたことが読みとれる。高校生としてはレベルがかなり高い。教員もおおいに感心したのではないか。

この日、生徒大会が開かれ、生徒会から提案された制服自由化の賛否について決を求めた。賛成850票、反対323票だった。学校側はこれを受けて、「制服着用の自由」を認めている。そこに激しい対立はない。それどころか、学校側（生徒指導部）は生徒会の要求について、「卓越した会議運営委員の力量により生徒諸君一人一人が主体的に意志を反映させ、自らの意志によって新しい秩序の創造性を目指す理想をうかがい得るもの」「生徒執行部職員の優れた指導性、『東高生』の良識」とべた褒めだった。

生徒もこんな手記を残している。

「いつの場合も生徒の代表者を対等の人間として扱い、向き合ってくださったことに感謝している。制服が必要な理由として「生徒らしい秩序ある行動が守られる」との学校側の説明に対し、「私たちは服装で行動していない。自立した人間として自分で考えて行動できるようにするのが教育では……」のような反論をしたら、信頼してくださった先生が小さくうなずいてくださった事に感動の記憶がある」（『創立百年誌』2004年）

自由化で宮城一女はミニスカートが圧倒的多数に

制服自由化が実現した学校をいくつか紹介しよう。自由化までの経緯、生徒や教師の自由化のロジックなどについて、学校史と報道からまとめた（カッコ内は制服自由化年）。

北海道札幌南高校（1972年）　自由化までの経緯

「高校生の服装は自由にあるべきだとの基本的な考え方に立って次の2点が自由化の理由として打ち出された。＊服装の自由化は時代の趨勢《すうせい》であり、服装を制度化して生徒に着用させる意味が、生徒の自由化への意志方向を否定する根拠としては薄くなった。＊自由に服装を選択できることにより生ずる責任、自己規制に対し、むしろ積極的な教育意義を見いだしたい、そして生徒の生活全般の中でこの問題をとりあげ、自主性のある生活態度の資質を養うことができる」（『百年史』1997年）

宮城第一女子高校（1973年）　自由化までの経緯

1969年12月、「私的な外出時には保護者が認める場合に限り私服を許可する」ことになった。その後、生徒から制服自由化の要求が出されたが、慎重論も多く実施されなかった。1973年10月、生徒心得から「服装に関する規定」が削除され、「服装は学校生活に適したものとする」と記されるのみで、制服自由化が実施された。私服登校初日の様子を地元紙が伝える。

「ミニスカートが圧倒的に多い。さらにキュロットスカート、ツーピース、ワンピース、ジャンパースカート、サファリスーツ、ジーパン、柄物のシャツ、セーター。宮一女高の登校風景は紺の制服に見慣れた目にはまぶしさを感じるほど多彩なものだった」(「河北新報」73年10月1日　宮城第一女子高校は、2008年に宮城第一高校と改称し共学化した)

宮城県仙台第一高校(1969年)校長から全生徒への申し渡し

「形骸化し強制としか受け取られなくなっているとすれば、そのような制服に固執して教師と生徒の隔たりをますます大きなものとするよりも、勿論《もちろん》マイナスな面を伴うであろうし教師としてそれは苦痛なことであるが、むしろこの際、服装を自由に生徒1人1人の良識と判断に委ねることによって、形を去ってそのもう一つの奥底のところで生徒に接触しなければならないと考えました」(『仙台一中、一高百年史』1993年)

埼玉県立浦和西高校（1972年） 教師による制服自由化の賛成意見

「制服以外の服装から生徒の何かが表現され、そこから対話が生まれる。服装は本来、保護者のしつけの領域である。現在の制服は色彩感に乏しく、清潔感なし。制服のため顔が同じに見え、いつまでたっても生徒の名前が覚えられない」（『西高五〇年史』1984年）

神奈川県立希望ケ丘高校（1969年から） 自由化までの経緯

「『華美と経済的負担』や『一般人との区別と防犯』等を根拠とする反対意見と、『個性の画一化と体制順応』及び『高校間格差の象徴』等を根拠とする賛成意見が交々表明されて激論となり、最終的に『服装規定はない（制服、制帽、バッジ、体操着、靴）、但し、靴の場合は上・下履、体育館シューズの区別は残す』」（『神中・神高・希望ケ丘高校百年史 資料編』1998年）

ホットパンツまがいの服装に驚いて自由化を阻止

制服自由化を実現した学校より、それがかなわなかった学校のほうが多かった。それは次の理由からである。

(1)生徒会などで十分に意見を集約できなかった。
(2)生徒総会などで決をとったところ反対意見が多かった。
(3)教頭、校長、理事長など管理職が強く反対した。
(4)職員会議で反対意見が多数を占めた。
(5)保護者や卒業生から反対があった。

群馬県立高崎高校では1969年から3年間、制服自由化について論議がなされた。71年には生徒総会で「一カ月服装自由化の試行期間」を決議する。しかし、数日後に校長は制服自由化反対の意志を示し、「試行期間」決議を保留させられてしまった。

高崎高校の校長は制服問題を考える上で、他校の校長に意見を求めた。いくつかの高校から、次のような反対意見が出る。「非行問題への対応に苦しんでいるのに制服を自由化させたら生徒指導の責任が持てない」。高崎高校の校長が回顧している。

「高崎高校一校の問題ではなく、県下全体の問題として処理されたいという要望が強かった。高崎高校に自由化が許された場合、それは全県下に波及するおそれが十分にあるというのである。……結果だけ言えば、生徒たちの自由化の要求を、紆余曲折《うよきょくせつ》の末、私は退けたのである。頑迷固陋《ころう》という非難も浴びたが、私の結論は、総合判断の上に立ってのものだった」（「全国高等学校校長協会三十年史」全国高等学校校長協会　1980年）

歴史と伝統があり、各界への卒業生が多く、大学進学実績が高いなどの要素を持つ、県内トップ校という自意識と誇りが表れている。トップ校はどこよりも県下の高校にたいへんな影響力があり、その分、自覚と責任が求められる。制服自由化すれば他校も倣ってしまうおそれがあり、生徒から強い反対がでても阻止しなければならない、という考え方だ。

一方、生徒のあいだで、制服自由化に反対、制服は常に着用すべきという意見が多数ある学校もあった。それは次の理由からだった。

(1) 伝統と愛校心

学校の歴史と伝統を社会に知らしめる。生徒は愛校心を持つべきだ。

（2）勉強の邪魔

高校生なのに派手な服装を着るようになって華美になる。おしゃれが気になって勉強に身が入らない。

（3）経済的負担

毎日、同じ服を着るわけにもいかず、私服では経済的負担が大きい。

（4）経済格差が拡大

服装が購入できるかによって貧富の差が示され、貧しい生徒がつらい思いをする。

1970年代前半、千葉県立千葉女子高校では生徒会長が制服自由化を求めていた。しかし、全生徒にアンケートを行ったところ、自由化反対の意見が多い。学校は県内で自由化した県立東葛飾高校の様子を見てから結論を出すことになった。

同校を視察した教頭がこう語っている。「ちょうど初夏の頃であったので、女子生徒の中にはホットパンツまがいの服装をした人も見られ、私を驚かせた。この状況を眺めて、自由化は体を張って阻止しなければならぬと心にきめて帰った」（「創立百周年 記念誌」2001年）

自分の学校の生徒が脚を露出する姿を見るのは耐えられなかったのだろう。制服自由化はならなかった。

埼玉県立熊谷女子高校でも生徒総会で制服の賛否問題がはかられたが、制服賛成者が多く、自由化までたどりつかなかった。千葉県立木更津高校はPTA理事会が反対する。岩手県立一関第一高校は校長の判断で自由化は実現しなかった。

制服自由化が進まない現実的な理由がある。3年間で生徒が入れ替わってしまうからだ。自由化をもっとも強く要求していた学年が卒業してしまい、次の学年にうまく引き継がれなければ、自由化論議は自然消滅してしまう。そんな学校はいくつもあった。

秋田高校の伝統の一つとして「着装の自由」は定着

制服自由化がもっとも議論されたのは、1969〜1972年である。このときから半世紀経った2020年、制服自由化を続けている学校をたずねて、校長や教頭から話を聞いた。まずは公立高校から見てみよう。札幌南、秋田、仙台二、水戸一、長岡、長野、長岡、宇都宮女子の8校である。いずれも100年以上の歴史を誇る学校だ。

北海道札幌南高校

前身は1895年設立の旧制札幌第一中学である。道内最古の学校だ。廣田定憲校長が次のように話す。

「在校生、そして、わが校を受験する中学生からすれば、制服が自由はあたりまえになっており、制服はイメージできないでしょう。実際、自由な校風を求めて入学する生徒はたくさんいます。札南の理念は「堅忍不抜」です。自主自律の精神が今日まで引き継がれてきました。その象徴として制服の自由があると思います」

だからといって、制服が自由であることを学校は前面に打ち出しているわけではない。きわめて自然体である。

「服装の乱れは心の乱れ、という話を聞きます。でも、そんな話をしなくてもしっかりできる学校という誇りをみんな持っています。保護者、教員、生徒から制服を求める声はいっさいありません。それは道内伝統校の誇りだと思います」

秋田県立秋田高校

前身は1882年設立の旧制秋田中学、県内でもっとも古い学校である。

秋田県立秋田高校は制服の自由化について、「着装の自由」と呼んでいる。これは1971年に学校と生徒会が話し合って制服廃止を決めたときに用いられた表現だ。同校の渡部克宏校長をたずねた。自身も1980年に秋田高校を卒業している。

「好きなものを着たいという欲求からではなく、自由とは何かという問いかけが「着装の自由」の原点でした。自由とは規則で強制されたものではない、自由とは責任に裏付けされたものであり一人ひとりが主体的に良識的な判断で実現する状態、とわたしたちは捉えています」

制服の自由化が決定された際の学校と生徒のやりとりは音声記録で残されている。新入生は入学直後の生徒会オリエンテーションでこれを聞き、自由化の過程、根本的な考え方を学ぶ。生徒手帳には、「着装の自由」について、「われわれの自由化は常に実証期間である」と記されている。渡部校長が解説する。

「ようするにいつだって生徒が試されていることを当時の生徒会は強調したかったわけです。いまの生徒をみていると、「着装の自由」への理解の度合いはさまざまでしょうが、良識的に判断しており、その意図は伝わっているようです。「着装の自由」は秋田高校の伝統の一つとして定着しており、制服を復活させようという話は出てこないですね」

宇都宮女子高校「生徒の自主性にまかされた服装のまま今日にいたっている」

宮城県仙台第二高校

宮城県の公立高校は旧制中学から引き継がれた仙台一高（仙台第一高校）、仙台二高、仙台三高などがある。いずれも制服着用はない。1970年前後の高校闘争で勝ちとったものだった。また、旧制高等女学校を起源とする宮城一女（宮城第一女子高校）、宮城二女、宮城三女などがあり、宮城一女だけ制服はなかった。なお、宮城三女では制服廃止の運動が起こっており、その中心になったのが作家の小池真理子である。このときの様子は彼女の半自伝的小説、『無伴奏』で描かれており、同作は映画化（主演、成海璃子）された。

宮城県では伝統校がこのようにナンバースクールとして男子校、女子校に分かれていたが、2000年代後半、県教育委員会の方針によって男女共学となる。仙台一高、二高、三高は校名を変えずに女子を受け入れ、制服は作らなかった。宮城一女は宮城第一高校、宮城二女は中高一貫校として仙台二華高校、宮城三女は仙台三桜高校となり男子を受け入れている。このうち、宮城第一だけ制服はない。

仙台二高の前身は1900年設立の仙台第二中学である。

五来拓二教頭が話してくれた。

「通学服をどうしたらいいかという指導もとくにありません。端正な服装が不文律として守られてきたという意味で、生徒が望ましい方向に導かれたと思います。保護者にはOBも多く、彼らは制服自由化までの過程を知っています。自由の伝統をしっかり受け継いでくださいと話すOBもおり、いい意味で定着しています」

仙台二高では仙台一高とスポーツの定期戦を行っており、新入生は応援団として練習から本番まで参加する。この間、中学校時代の制服を着る姿を多く見かけるが、定期戦が終わると私服通学が増える。もっともいきなりハデなかっこうになることはない。保護者からの言いつけに従い、上級生の目を気にするあまり、私服と言っても全体的に地味な印象を与えるという。

栃木県立宇都宮女子高校

新制高校としてスタートしてから制服規定がなかったのが、宇都宮女子である。起源は1875年設立の栃木女学校だ。

学校案内にこう記されている。「制服はありません。生徒は私服で登校しています。服装は清潔・質素・端正な品位を保つようにしており、校章を左胸につけることになっています」（同校ウェブサイト）。学校史の記述もあっさりしている。新制高校2年目の1949年の状況について、「宇都宮第一高等女学校時代はセーラー服に校章・衿章をつけて本校生であることを示していたのであるが、この時は校章・副章を制定するだけで制服を定めることはしなかった。以後、何度か制服について議論されることはあったが、生徒の自主性にまかされた服装のまま今日にいたっている」(『百年史』1976年)。

制服制定の必要性は感じなかったということだろう。それから70年以上、制服を作ろうという発想がなかったと。知らず知らずに引き継がれた制服への無関心そのものは伝統といえるかもしれない。

茨城県立水戸第一高校

前身は1878年設立の旧制水戸中学。県内でもっとも古い。高村祐一校長が話す。

「水戸一高の自由な校風にあこがれて入学する生徒がたくさんいます。生徒はしっかり考えて服を選び、通学にあたって清潔、質素、端正を守っています。かつて夏場は露出が多い服を着る生徒はいましたが、いまは見られなくなりました。私服の良いところを活かしています」

また、部活動が盛んな学校なので、ジャージで登校する姿も見られる。校名、部が書いてあるので、それが自分たちの誇りと思っているようだ。

2021年、水戸一高に附属中学が誕生する。中学生はブレザーの制服を着用することになっている。だが、高校入学後に制服は自由となる。

「義務教育期間では、身だしなみをきちんとさせようという教育の一環です。高校生になれば私服になりますが、この期間に自分で考える習慣をつけてほしい」とも話していた。

自由の意味を問いつつ行動すれば強制によらぬ新しい秩序が生まれる

新潟県立長岡高校

前身は1872年設立の旧制長岡中学である。こちらも県内最古だ。制服を廃止したのは1972年のことだった。一部の生徒から出された制服制度廃止案を受けて、和同会（生徒会）で議論される。まもなく生徒と教員が合同で制服委員会を立ちあげ、制服制度廃止宣言文を作成した。学校側も理解を示したというわけだ。

同宣言文では次のように謳《うた》われており、いまでも生徒手帳に記載されている。

「制服制度を廃止した新たな学校生活ではいままでより各自の良識が重要視される。わたしたちの負う責任も重くなる。今後新たに築きあげたものを望ましい状態に保ち続ける不断の努力が必要である。長岡高校の生徒であることを忘れずに自由の意味を問いつつ行動すれば強制によらぬ新しい秩序が生まれる」

同校の宮田佳則校長をたずねた。

「服装関係で細かな指導はありません。生徒もこの宣言文をよく理解しており、結果として、派手だったり、よそいきだったり、「なんちゃって」だったりの服装は見られず、きわめてちゃんとした私服で通っています。いい状況にあります。興味の中心が服装にはないのかもしれませんね」

数年前、卒業式で和装（晴れ着、袴）を着た女子の姿が増えた。華美すぎて、高校の式にはふさわしくないのでは、という意見が出て、和装を禁止した学校が少なくなかった。

「長岡高校の生徒としてふさわしいかっこうをするよう話したところ、3年で和装はすっかり減り、ここ数年はだれも着なくなりました。禁止ではなく、長岡高校は米百俵の学校なので、式にお金をかけるならば、大学での勉学に当てるべきという私たちの言いたかったことを生徒、保護者は理解してくれたのだと思います」

新潟県では県立高田高校、柏崎高校なども制服自由である。柏崎の2020年度入学案内には同校OBの話が紹介されている。

「服装自由化40年に思う　梶野敏貴
40年前に親友会が決断した服装自由化は、尊ぶべき伝統や美徳を受け継ぎながら、国際化のうねりの中で変化する社会の価値観を自らの意思で選択し、新しい規範を作り出す作業でした。私は学問の目的は何かとよく学生に尋ねます。すぐ役に立たなくても備えることだ、考え抜く力を身につけた者は強く、文化の創造に寄与できると教えます。服装自由化宣言に込められた理念が、今後も長く受け継がれることを願ってやみません。
——国立天文台・東京大学大学院准教授　「制服自由化宣言」を決議した当時の生徒会長」

親友会とは生徒会のことである。なぜ、梶野氏は制服と学問を並べたのだろうか。服装自由化で新しい規範を作るにあたって考えたことと、学問に取り組む際に考え抜くことには、通じるものがあると言いたかったのかもしれない。これがうがった見方だったとしても、学校が入学案内でわざわざ40年前の「服装自由化宣言」を取り上げたのは、この理念を引き継ぐ、つまり服装自由を続ける意志を表明したといっていい。

長野県長野高校

前身は1885年設立の旧制長野中学である。1969年10月に制服を廃止した。服装の項目は次のように改正されている。

「服装は質素で端正、清潔を保ち、徒《いたずら》に華美に流れたり粗野にならぬよう留意し高校生らしさを失わないようにする」(『長野高等学校百年史』1999年)

長野高校の宮本隆校長をたずねた。

「私服について細かな規定はありません。今ではすっかり定着しています。新入生に向けて通学服の細かな話はしていないです。制服を復活させる動きも生徒、教師、保護者からは出てきませんね」

長野高校は教育理念として「至誠一貫　質実剛健　和衷協同」を掲げており、自主自律の精神が受け継がれてきた。

「保護者から服装が華美になってお金がかかるからなんとかしてほしいという意見も出ません。1年生のうちは「なんちゃって制服」を着ている生徒が見られましたが、年々、減っています。生徒は自律し、自分で考えて良識を守り通学服を選んでいるようです」

長野県松本深志高校

前身は1876年設立の旧制松本中学である。今井義明校長はこう話す。

「学問以外は自分たちでしっかり決めていく。こうしたなかで制服の自由が続いていると思います。校則自体がないので、制服を制定しようという動きは、これまでありませんでした。松本市内の公立高校はすべて私服なので、すっかり定着しています」

県内では、1970年前後の高校闘争の影響を受けて制服自由化に踏み切った学校が多い。だが、松本深志は初めから制服は定められていなかった。

「新制高校になったとき、制服は重要な問題ではなかったようで、通学服は生徒に委ねられました。結局、制服は作られず今日にいたります。服装に関する指導をまったく行っていません。学校は自由と自治を重んじていることもあって、生徒にまかせています」

今井校長も松本深志高校OBで、1970年代に通っていた。

「自分の高校時代に比べるとこぎれいになりました。制服のほうが安上がりと言われますが、服装そのものが安くなって気軽に買えるようになり、私服だからといってそれほどお金はかからないように思います」

「これを着なさい」「あれはダメ」という指導はしない

次に私立高校である。まずミッション系女子高だが、いずれも開学当初から制服は定められておらず、1969〜1970年の高校闘争との因果関係はまったくない。

恵泉女学園中学・高校

恵泉女学園が制服を定めていないのは、同校の創立者、河井道《みち》の教育方針が反映されているといっていい。アメリカで学んだ河井は自分の考えをきちんと言えること、責任を持って行動することが大切であると説き続けた。学校が設立されたのは1929年である。当初から制服はなかったが、戦争中は、モンペをはかざるをえなかった時期がある。

1948年、新制高校として再スタートした際にも制服は定められていない。服装については学校の考え方を押し付けるのではなく、生徒の判断に委ねるということである。恵泉女学園の江田雅幸教諭をたずねた。

「これを着なければならないというのが制服ですが、生徒が自分で考えてもっともふさわしい服で通学する、ということです。もちろん、教員は何を着てもよい、とは言いません。「この服装はどうかな」「わたしはふさわしくないと思う」など声がけはします。別の教員はそうは言わないかもしれません。一つのルールで「これを着なさい」「あれはダメ」という指導はしておらず、生徒がしっかり考えるように教えています。実際はみんなわきまえており、派手な服装をして、ファッションショーのようになることはありません。自由服だと生徒の個性が見えやすい、というメリットはあります。制服だとわかりにくいですからね」

学校説明会では保護者に「自由服」の説明として、「責任を伴う自由として、学校にふさわしいものを着てほしい」と話す。保護者はどういう服を着せればいいか不安になるが、実際には学校を訪問し、日常の生徒の様子を見ると安心するという。

以前はスカートのみだったが、いまでは生徒同士の話し合い、教員との話し合いを経てパンツスタイルも認められている。

「なんちゃって制服」は「制服ルック」とも呼ばれ、恵泉女学園にも少なからず見られた。教員からは、「自由でいいのに、なぜ同じような制服ルックをしたがるのか。それはやめさせたい」という意見もあった。

「制服ルックでないことが逆に目立つということもあって、それで制服ルックのほうが無難と思われたからでしょう。でも、最近、制服ルックは減りました。上級生になるほど制服ルックから離れ、自分で好きなものを着こなす傾向があります。服にお金がかかるという話も聞きません。自由服は個性をあらわす手段の一つであり、同時にTPOに合わせたものを自分で選びとることを学ぶ教育の大切な要素です」

定められたものを着るという発想はない

日本女子大学附属中学校・高校

学校の起源は、1901年に開学した日本女子大学校附属高等女学校である。戦後、日本女子大学附属中学、高校に分かれた。このとき、中学校は高等女学校時代からのセーラー服を踏襲し、高校は制服を定めなかった。
高校は制服について次のように記している。

「本校の服装についての心得には、「通学服については、本校があえて校服を制定しない趣旨をよく理解し、生徒自ら定めた風紀規約を正しく守り、これにもとづいた服装をする」とあります。毎年、次年度自治会の責任者たちが規約改正準備委員会を発足させ、服装の規約に関してもそこで討議し、最終的には全校投票をもって決めます。生徒達は、この内規の中で自由に服装を選び、個性を表現しています」（同校ウェブサイト）

高校開校当初は毎年、自治会で服装の内規を作っていた。今でも、前年の「自治会規約」のうち改訂すべき箇所を募り審議する「規約改正」の一環として、毎年見直しをしているが、短期的視点ではなく今後長く通用する「内規」を考えるという視点で話し合われている。最近では、冬のコーデュロイのスラックスやスニーカーが認められるようになった。内規ではスカート（またはキュロットスカート）について、紺・黒・グレーの無地でハードプリーツのあるものと定めている。

また、ズボンはストレートに限り、ジーパン、肌にピッタリ付くスキニーは不可。スカートの生地としてコーデュロイ、ツイード、ニット、ベロア、レザーは禁じられている。規則を守ることについては、清掃や服装、風紀関係を担当する生活部を中心にその方策を考えている。

指導部教員が説明する。

「自分が何を選び、どう行動するかを自分でよく考えるという方針が根底にあり、通学服にも通じています」

同校は生徒の自治が謳われている。

「自分はこう考えている、というだけではなく、積極的に発言します。一方で相手の話をしっかり聞く。生徒同士が話し合って学校生活を作っており、自治が成り立っています。生徒全員の学校ですから、きまりを変えたいという意見が出た時にも、なぜ今のきまりがあるのか、その意見を取り入れても今まで大事にしてきた学校の雰囲気を維持できるのかなど、時間をかけて話し合います。たとえば、チェックのスカートを許可しようという意見が出たこともありますが、「どの範囲まで許可するのか」「自分たちに必要か」と討議した結果、生徒の委員会で却下されました。生徒の中でもいろいろな意見が出ますが、納得のいくまで議論をすることを見守っています。制服を定めてほしいという要望が出たことはありません。自分で考えることが重んじられており、定められたものを着るという発想はないようです」

制服自由は教育の一環、色彩感覚を育てる

立教女学院中学校・高校

同校は1877年に、立教女学校として開校された。1947年に中学校を併設し、1948年、立教女学院中学校・高校となった。通学服については、開校以来制服を定めたことがない。特に、戦前に副校長であったアメリカ人女性宣教師による、「清潔感を保つために毎日同じ服を着るのは好ましくない」という考え方が反映され現在に至っている。

いまでもこの考え方は変わらないが、私服といってもスカート着用、質素、清潔、学生

らしさが求められている。

立教女学院高校の山岸悦子教頭をたずねた。

「服装は自分の内面を表します。自分でTPOに合わせて服装を考える、これも教育の一環です。どんな色を選ぶかを通して、色彩感覚を育てるというねらいもあります。自由ならば何でもいい、というわけではありません。勉強にふさわしいものを自分で考えて選ぶということが大切です。また、スカートのみというのは、ズボンは（当時のアメリカでは）作業服なので勉強にふさわしいものではない、という女性宣教師の考え方によるものです」

通学服としてなにがふさわしいかは、生徒会が毎年、生徒総会を開いて確認し、細かな修正を行う。たとえば、ノースリーブ、タンクトップのような露出の多い服装は認められていない。スカート丈の長さはどのぐらいがいいか、などを生徒たちがポスターに提示して訴えたこともある。

女子高校生たちは服装の流行に無関心ではいられない。一方、保護者からすれば自由と言ってもなにを着せたらいいのかわからないことがある。

「学校に聞きづらい場合、中学受験塾に問い合わせるようです。立教女学院はチェックのスカートという話が伝わり、そうなると似たような、「なんちゃって制服」になってしまいます。でも、本校の方針をよく理解し、自由な組み合わせをする生徒もおり、学校も個性が発揮できる服装は望ましいと考えています。いまは安価でも品質の良い服がたくさん出ているので、それを上手に着こなしてほしいと思っています」

「制服が自由だと派手になったりしませんか」と質問されることもあるが、「そのようなことはありません」と答えている。生徒、保護者が「自由」な校風をよく理解しているからだろう。

「『自由』は、立教女学院生にとって永遠のテーマです。精神的な自由を尊び、押し付けられた規則ではなく自分たちで考える。通学服を選ぶときも『自由と責任』そして『自由と規律』を意識してもらえたらと考えています」

大学附属、系列の学校が2つ続いた。さらに取り上げよう。

慶應義塾志木高校の制服自由化要求ではジーパンが取引材料

慶應義塾志木高校

慶應義塾志木高校も灘、麻布、武蔵と類似性を感じる。1970年代前半、生徒会を中心とする生徒たちが制服の自由化を求めて学校と交渉し、1972年に夏服、73年には冬服が自由化された。学校はこう説明する。

「現在は完全に自由です。

形式主義に囚われない、独立自尊である、という気風はこのような形で本校の中で生きていますが、社会的な節度もきちんと持ち合わせています。公式の場に赴くとき、大切なお客様をお迎えするとき、本校の生徒は制服を着用します。ですから、「制服」と呼ばずに「所定の服装」と呼ぶのです」（同校ウェブサイト）

ただし、当初、ジーパンは認められなかった。学校史で当時の教員（本井英、渡嘉敷哲の2氏）がこう打ち明けている。

「本井　…学校という社会には生徒だけではなく教員もいるんだ、そのお互いの歩みよれるところでとりあえず「いまの段階では」という考え方からいくとジーンズは無理だよとわれわれが言って、生徒も、そう言われてみればそうですねといったのですね。たしか私の記憶では、服装に関する規定のどこかに「現段階で」という言葉が入っていた。その言葉は、その含みを持たせた言い方だったんですね。そういう点では生徒に何でも自由にしてくれというのに対して、生活委員会なり教員側から「現段階ではジーンズはまだ時期尚早である」ということで折り合ったように僕は記憶しています。

渡嘉敷　たしかに生徒の方はジーンズも言ってたと思います。ただ、先生方に自由化を認めていただくためには、そういう取引もしないとならないもんですからね、それで生徒の方に「ジーパンは」というようなことでもって目をつぶってもらったというのが正直なところじゃないでしょうか」（『志木高五十年』１９９８年）

1970年代前半、慶應義塾志木高校ではジーパンに市民権はなかったようだ。ジーパンが取引材料とみなされたのは、教員、生徒とともにジーパンをラフで不良っぽい服装として扱ったのか、ジーパンが作業服をルーツとしており学びの場に適さないとしたか、わからない。このころ、ジーパンが大流行してまもなかった。同時期、「エレキギター」による演奏が禁じられていた学校がいくつもある。流行の最先端、新しい若者文化に学校がきわめて保守的な態度で挑む。校則でかつてルーズソックスが禁じられた、いまでもアクセサリー類がご法度である。ジーパン禁止はこれと似ており、「流行を追いかけてお金を無駄遣いする、勉強に集中しない」という「学校の常識」がまかり通っていたのだろう。

1986年、ジーパン禁止は解除された。老若男女だれもがジーパンをはくことに学校が気付くのに、15年以上かかってしまった。

同志社高校「制服を決めて生徒を一つの枠にはめるという発想がない」

早慶の附属、系列、関連校で制服自由は早稲田大学高等学院。慶應義塾湘南藤沢高校はスラックス、スカートのみ学校指定で上着は自由だ。

中央大学附属高校

大学附属で制服自由で有名なのが、中央大学附属高校である。その様子が、MXテレビ「子どもの未来」で放映された(2019年5月22日)。以下、ナレーション、校長、生徒の声を採録する。

木川裕一郎校長「本校には校則らしい校則はない。何をすべきなのか、何をしていいかなければならないかを自分で考えて理解してもらうことが自由の前提。大学0年生教育と言えるのではないか」

ナレーション「個性を尊重。髪型、色、服装何でもOK。生徒はじぶんらしさを自由に表現できる。学校は身なりを個性として捉えているため、生徒は自分らしさを自由に表現できる」

男子生徒「楽しむところは楽しんでちゃんと勉強するところはしなければならない。自分でコントロールするのは結構たいへん」

女子生徒「自分の好きな服を着られるのは自分のモチベーションアップにつながると

思っている」

なお、中央大学高校、中央大学杉並高校、中央大学附属横浜高校は制服着用となっている。

同志社高校

2000年代に入って京都の公立高校が相次いで制服を復活させた（172ページ参照）。こうしたなか、同志社高校は開校以来、私服通学を認めている。

山崎敏昭校長をたずねて話を聞いた。

「制服について考えたり、意識したりすることはないです。同志社高校は大学受験が前提の特別なカリキュラム、文理別コースなど対策講座はありません。そうした教育方針の延長線上になると思いますが、制服を決めて生徒を1つの枠にはめるという発想がないのです。生徒に「あれをするな」「これはだめだ」と何かと押し付けるようなことはしません。高校生として何がふさわしいのかは自分で考えなさいということです」

校則はバイク免許の取得禁止ぐらいで、通学服や頭髪などに関する細かな取り決めはない。生徒の自主的な判断にまかせて、教師と生徒のあいだで信頼関係を築いているという。自分で制服っぽくコーディネートする「なんちゃって」系の生徒は、いまでもクラスに2〜3人いる。AKB48が流行すれば、それを真似たファッションをする生徒も出てくる。

同校の2020年向け学校案内に、元・生徒会長が「同志社高校は「自由、自治、自立」を重んじる校風であり、(略)「良心」を持った生徒がたくさんいる」と紹介している。

1990年代前半、生徒に制服に関するアンケートをおこなったところ、女子から「スカートを強制しないところがいい。これが学校の非常に良いところです」という回答があった。

「もっとも大上段に構えて、「同志社は制服がない」と話しているわけではなく、他校と比べて通学服をどうしようという話もでてこないのです。はじめのうちは保護者がすこし気にしますが、この学校はそういうものだろう、と慣れてしまいます。そんなスタイルでこれからも続いていくと思います」

東大寺学園「学校生活を校則で締め付けるようなことはしません」

甲陽学院中学校・高校

甲陽学院高校は1970年に生徒会の要望を受ける形で制服自由となった。当時、同校には社会問題と向き合う生徒たちがおり、ベトナム戦争反対を訴える活動を行うこともあった。やがて、学校内に目を向け校則のあり方を問いかけてくる。教員は大きな衝撃を受け有志で懇談会を作り、生徒たちの言動を真摯に受け止め議論するようになった。こうしたなかで制服自由化が決定したのである。

現在、高校は私服、中学は制服となっている。甲陽学院中学・高校の今西昭校長が説明する。

「中高6年間で自立、自律を促す教育を行うなかで、中学ではしつけなどを細かく指導したあと、高校ではできるだけ干渉を避けるようにしています。これが学校のセールスポイントでもあります。甲陽学院で、子どもから大人になるという最大の教育目的をかなえるために、中学校時代と高校時代のメリハリをつけることが有効と考えているからです。制服など生活指導面だけではありません。学問の基礎を身につけてもらうために、学習面でも段階を経て「大人扱い」に切り換えていきます」

中学と高校はキャンパスが異なっている。切り離された環境は、しつけと「大人扱い」を重視する上でかえって都合が良いようだ。もっとも、今西校長自身、中学での制服着用に積極的な意義は感じないこともあるようだ。

「いまの時代は、子どもたちは管理されたがる風潮が見られます。それゆえ、個人的には中学でも私服でいいかなと思うことはあります。ただ、甲陽にきたらいきなり自由ですよ、と突き放すより、徐々に一人だちしてもらうほうが現実的です。高校に進めば、私服について細かな指導を行っていません。公序良俗に反しなければ、何も言わないというのが基本です」

東大寺学園中・高校

東大寺学園の起源は１９２６年設立の金鐘中等学校にさかのぼる。戦後、青々中学校が新たに設立され、１９６３年に全日制高校が併設され東大寺学園中・高校が開学する。当時は詰襟を着る生徒が多かったが、制服ではなく、私服での通学は認められていた。ただし、中学校は制服（標準服）を着用していた。

森宏志校長をたずねた。

「中高ともに完全な自由服です。服装に関しての具体的な規定はいっさいなく、通学服への指導もまったく行っていません。学校生活のしおりに、「服装は高校生らしく端正であること」と記載されている程度です。教員、保護者から制服の要望もないですね。生徒一人ひとりの個性を大切にするため、自主性を重んずる教育の伝統といえるでしょう」

１９９５年、中学校生徒会から学校側に制服廃止が提案される。職員会議ではかられ賛成46、反対14で廃止案は可決し、翌年から中学校も私服通学ができるようになった。

「教員からすれば抵抗はなかったようです。中学から私服の要望があったとき、ようやく声があがったかと思ったくらいです。奈良市内の市立中学校は私服のところが多かったこともあるでしょう」

こうした自由な校風は、受験の志望理由になっているようだ。東大寺学園では中学受験生に志望動機を記した自己申告書を提出させている。この申告書から志望理由となるキーワードを選ぶと、2020年度は「自由」23・6%、「クラブ活動」14・9%、「授業内容レベルの高さ」12・3%、「大学進学実績」4・8%だった。

「毎年、だいたいこの順番です。自由であるという雰囲気を肯定的に評価しており、自由に憧れ入学する生徒は多いと思います。学校生活を校則で締め付けるようなことはしません」

麻布中学校・高校「教育現場で統制を強めることはいいことじゃないと思っています」

名だたる進学校が続く。

2020年度東大合格者上位校のうち、制服自由の学校を表で示した（図表4）。トップ校の制服観を紹介しよう。

筑波大学附属駒場高校

文化祭で配布されていた生徒自治会役員会による冊子「筑駒白書2018」に、以下のような表記がある。

「現在制服はありません。特に規定はなく、基本的にどんな服装でも認められています」

この部分にはわざわざ下線が引かれており、それくらいには強調されているということだろう。じつにあっさりとした表現だが、これ以上でも、以下でもない、制服なんて取るに足らない問題というスタンスがうかがえる。

灘中学校・高校

和田孫博校長は、同校ウェブサイトで次のように言う。

	高校	人	私服通学可
31	◎武蔵（東京）	21	●
	岡山朝日(岡山)	21	
33	県立千葉(千葉)	20	
	浜松北（静岡）	20	
	西（東京）	20	●
	◎愛光(愛媛)	20	
37	岡崎（愛知）	19	
38	札幌南（北海道）	18	●
	熊本(熊本)	18	
40	◎北嶺（北海道）	17	
	◎栄東（埼玉）	17	
42	国立（東京）	16	●
	◎洛南(京都)	16	
	修猷館(福岡)	16	
45	高岡（富山）	15	
	県立船橋(千葉)	15	
	金沢泉丘（石川）	15	
	◎白陵（岡山）	15	
49	◎市川(千葉)	14	
	◎芝（東京）	14	
	◎海陽中等教育学校（愛知）	14	
52	大宮（埼玉）	13	
53	秋田(秋田)	12	●
	仙台第二（宮城）	12	●
	戸山（東京）	12	●
	◎巣鴨（東京）	12	
	鶴丸（鹿児島）	12	
58	宇都宮(栃木)	11	
	◎攻玉社（東京）	11	
	◎世田谷学園（東京）	11	
	北野（大阪）	11	
	四日市（三重）	11	

出典：大学通信調べ

図表4　2020年東大合格者数上位校のうち私服通学が認められている高校

	高校	人	私服通学可
1	◎開成（東京）	185	
2	□筑波大学附属駒場（東京）	93	●
3	◎桜蔭（東京）	85	
4	◎灘(兵庫)	79	●
5	◎渋谷教育学園幕張(千葉)	74	
6	◎駒場東邦（東京）	63	
	◎麻布（東京）	63	●
8	◎聖光学院（神奈川）	62	
9	◎海城（東京）	59	
10	◎栄光学園（神奈川）	57	
11	◎西大和学園(奈良)	53	
12	◎ラ・サール（鹿児島）	42	
13	日比谷（東京）	40	
14	◎浅野（神奈川）	39	
15	□筑波大学附属（東京）	36	●
	◎東大寺学園(奈良)	36	●
17	◎渋谷教育学園渋谷（東京）	35	
18	◎甲陽学院(兵庫)	33	●
	県立浦和（埼玉）	33	
	◎女子学院（東京）	33	●
21	◎久留米大学附設(福岡)	31	
22	旭丘（愛知）	30	●
23	◎豊島岡女子学園（東京）	29	
24	□東京学芸大学附属（東京）	28	
25	◎早稲田（東京）	27	
26	土浦第一(茨城)	26	
	横浜翠嵐（神奈川）	26	
	◎東海（愛知）	26	
29	富山中部（富山）	24	
30	湘南（神奈川）	22	

無印＝公立、◎＝私立、□＝国立

「本校の生徒たちは自由を謳歌しています。ただ、本校に存在する自由というのは放縦とは異なり、自律心を伴わなければ許されないものです。服装や髪型も自由ですが、中学生・高校生にふさわしいものでなければなりません」

ピアス、髪染めは暗に「よろしくない」と言わんばかりだが、そこまで明文化しないのは、灘の生徒に「放縦とは異な」るよな、とクギをさしているようにも読める。

麻布中学校・高校

東京、銀座の公立小学校でアルマーニの制服が話題になったころ、平秀明校長はこう説いている。

「驚きました。それは「アルマーニ」じゃなくて、「あるまじき」ですよね（笑）。公立小学校で制服があるということは知りませんでした。私は教育現場で統制を強めることはいいことじゃないと思っています。国の考えを注入する機関でもありません。一人の人間としてしっかり確立させるというのが教育の大前提です。（略）

服装や髪型の自由さが目立つのですが、我々が本当に求めているのは「内面の自由」です。つまり外から律されるのではなく、自分の中に揺るぎない基準を作りなさいということです。そして立派な一人の人間として世の中に送り出すことを目標にしています。

校則というのは、何々をしてはいけないという「拘束」だと思っています。仮に、校則によって中高時代がコントロールされても、卒業したらタガが外れて、自分を律することができなくなるのではないかという懸念があります」(「弁護士ドットコム」2018年2月12日)

麻布の校則について、同校OBの教育ジャーナリスト・おおたとしまさ氏が解説する。

「校則のかわりに、麻布の不文律というものがあります。一つめが鉄下駄禁止。そういう漫画が流行ったときに、鉄下駄を履いてくる奴がいて、床がボロボロになったからです。二つめが麻雀禁止。お金をかけると人間関係がおかしくなるから。昔はお金をかけなければOKでした。三つめは授業中の出前禁止。授業中にラーメンの出前が届き、「そんなもんが授業中にあったらみんな食べたくなっちゃうだろ」と先生が怒鳴って、結局「俺が食べる！」と言って、教卓で食べてしまったという逸話が残っています」

最近はこれに「全裸での外出禁止が加わったようだ」（おおた氏）。近所のコンビニで全裸になった生徒が麻布署に連れて行かれた事件があったからだとか。なかば都市伝説のような話に聞こえるが、おおた氏は「あの学校ならば、ありえる話」だと言う。

２０２０年度、麻布中学校の入試問題で興味深い出題がなされていた。

＊＊＊＊＊＊＊＊＊＊＊＊＊＊

〈問題文の最終節〉

「ところで、学校や会社などでは流行を追った衣服ではなく、制服のように皆が同じ衣服を着ることが好まれます。このようなところでは、生徒らしさや会社員らしさのような「らしさ」が求められます。そして、制服が「らしさ」を表す役割を担っているのです。

この「らしさ」について考えてみましょう。体型の違いのない生まれたばかりの赤ん坊でさえも、男の子は男の子らしい衣服を着せられ、女の子は女の子らしい衣服を着せられます。こうしているうちに、男性はズボンを履きネクタイを締めることが男性らしいと思い、女性は化粧をしたりスカートを履いたりすることが女性らしいと考えるようになります。しかし、世界を見ると男性がスカートのような衣服を着るところもありますので、コ．私たちが当然と思っている衣服についての考え方は、かならずしも当たり前のものではなさそうです。

（略）ときにシ．衣服に対する考え方の違いから、問題が起きることがあります。衣服は「第二の皮膚」といわれるように、私たちにとってあまりにも身近すぎるので、それについてあまり深く考えることがありません。衣服との付き合い方を考えることは、社会そのものを考えることにつながるかもしれません」。

問11　下線部コ．について。これまで衣服や身につけるものについて当然だと考えられてきたことでも、近年疑問をもたれるようになっているものがあります。どのようなものがありますか。具体例をあげて説明しなさい。

問13　下線部シ．について。本文では衣服に対する考え方の違いによって人々の間に問題が起きると述べられています。
（1）そうした問題の具体例を下から一つ選び、対立する一方の言い分と、他方の言い分を80字〜120字で述べなさい。ただし、句読点も1字分とします。
（2）下の二つの具体例では、なぜ双方が歩み寄って問題を解決することが難しいのでしょうか。二つの例に共通する理由を述べなさい。

【例1】レストランや温泉などで、入れ墨が見えることを理由に入店や入浴を拒否されたことに、外国人観光客から抗議の声があがっている。

【例3】髪を染めることを禁止する学校の校則に、生徒から反対の声があがっている。

＊＊＊＊＊＊＊＊＊＊＊＊＊＊＊

この出題を通して麻布は学校としての制服観を示している、と読みとれる。麻布は高校生「らしさ」を制服着用させることによって求めてはいません、というメッセージをこめている、そして、受験生に「らしさ」の象徴である制服に対する考え方を問おうとした

——というのは、深読みのしすぎだろうか。

なお、問11では塾作成の模範解答に次のようなものがあった。「女子がスラックスを選択できる学校があるように、スカートは女性のものという考え方」。

麻布がこのような解答、つまり、女性＝スカートは型にはまっていると考える生徒を求めている。うがった見方をすれば、ここに生徒を制服という型にはめて「拘束」しない校風が示されている、とも言えるだろう。

武蔵高校中学校

「服装などについては学校として決まりは作っていません。時として教員が個別に指導することはありますが、その場合も本人の自覚を促すことを基本としています」(同校ウェブサイト)

自由である。学校は規則で生徒を縛っていちいちうるさいことを言わない。自律を求め、自覚を促すに尽きる。だが、それは言わずもがなのテーマだ。こうした伝統校、エリート校の矜持《きょうじ》が、甲陽学院、東大寺学園、灘、麻布、武蔵から感じられる。

乱暴な言い方をすれば、彼らは全国の小学生成績上位1万人以内に入るような優秀な頭脳を持っている（難関中学合格者をおおまかに計算したときの総数の和）。このような天才、秀才たちは世の常識、社会のルールから大きく逸脱することはない。俗っぽく言えば、頭の良い子は不良っぽいかっこうはしない、と、伝統校、エリート校の教員は生徒を信頼しているということだ。

もっとも、多少の逸脱はあり、それが学校の特徴になることがある。都内のトップクラスの小学生男女は自由を謳歌したければ麻布や女子学院へ、まじめにしっかり学びたければ開成や桜蔭へと進む傾向があることは、中学受験塾経営者からよく聞く話だ。これについてはあらためて言及する（245ページ）。

自由の森学園、明星、和光——「自由」を徹底的に問い続ける

制服自由の学校は国公私立の進学校、伝統校が多い。ここまでに紹介した学校を見ると、また、制服自由の学校の一覧表を眺めると、そんなふうに感じてしまう。それはやむを得ないだろう。しかし、進学校、伝統校とはひと味もふた味も違う教育内容、カリキュラムを擁する、制服自由の学校がある。自由の森学園、和光、明星学園であり、「自由」を徹

底的に問い続けている。中学受験雑誌「進学レーダー」（2018年11月号）では、これらの学校の校長座談会が掲載されている。テーマは「自由な校風の学校」。同誌の記事をもとに3校を紹介しよう（カッコ内は座談会での発言）。

自由の森学園中学校・高校

1985年、点数序列主義に迎合しない新たな教育を目指して開校した。通称「ジモリ」。リベラル色が強く、2015年8月、安保関連法案反対運動のさなか国会前で「ジモリ」の生徒数十人が「レ・ミゼラブル」のテーマ曲を歌った。中野裕校長の話。

「自由の森には校則はありません」「人間は自律的な思考ができると、最終的に人のことを認めたり、許したりできるようになる。これが「自由」です」「学校全体でのルールはありません。実は以前「土足禁止」というルールが一つだけありました。ところが全校投票をしたら「土足OK」が多数で学校が負けました」

和光中学校・高校

1934年に成城学園の教員や保護者が設立。学校のルールを決めるにあたっては生徒、保護者、教職員による三者連絡協議会で話し合いによって決める。松山尚寿校長が話す。

「「上履きが指定されているだけで、服装も髪型も自由です」「自由とは思考停止にならず自分の頭で考えること。子どもには失敗する自由があります」「以前、卒業式の服装が華美すぎるというので「襟付の服装にする」「着ぐるみはやめる」と通達したところ、「それはおかしい」と抗議文が来ました。そこで生徒たちが話し合って服装の基準を決め、「着ぐるみ」はOKになりました」

明星学園中学校・高校

1924年、成城小学校の教員が理想の教育を求めて設立した。教育理念として「個性尊重・自主自立・自由平等」を掲げる。河住貴夫校長が解説する。

「生徒手帳がないから、明文化されたルールはありません。ただ「自由」というのは校則、制服がないなど表面的なものではないと考えています」「「制服や規則がない」ということが自由なのではなく、「生き方の問題」なのだと話しています」「自由とは字の通り、「自らを由《よし》」とすること。いろんな岐路に立ったとき、よく考えて自分の行動を選ぶこと、それが自らを由とするということです」

佐久長聖は月2回、金沢大学附属では夏季期間が自由服

佐久長聖高校

完全な制服自由ではないが、1カ月に2回、カジュアルデーと称して私服通学を認めている学校がある。長野県の私立佐久長聖高校だ。2015年、新校長に就任した佐藤康氏のアイデアである。同年9月20日、初めてのカジュアルデーをむかえた。私服姿は中学生が約8割、高校生は約5割に留まった。この日の様子について、佐藤校長はブログでこう記している。

「何も気にせず、いつも通り制服の生徒、この日を待ち望みしっかり準備をしていた生徒、若干の勘違いをし、オシャレも許されると思ったらしくイヤリングまで準備した生

徒、まあ色々だった。（略）先生方もそれぞれの反応。ある先生からは生徒も親御さんも「面倒くさい」という意見もいただいたようだ。ただ、私としてはこの「面倒くさい」ことが、カジュアルデーの意味深いところなのだ。すぐに理解してもらえないことは分かってるが、何も考えず、何気なく制服を着る、確かに「楽」である。でも、この「面倒くささ」が人間を成長させてくれるのだ」（「佐藤康の佐久長聖日記」2015年10月1日）

佐藤校長をたずねた。教員、地域の人たちから、「風紀が乱れ、生徒はだらしなくなる」と言われたという。

「どんな色の服が似合うのか、スカートの丈はどうしようか、などと考えることは、生きる活力につながります。自分で選べることの大切さ、楽しさを感じてほしい。この服装はいきすぎだな、これは高校生としてやばいな、という判断は自分たちでしなさいと話しています。スカート丈を短くしたら下着が見える。だったら、そこで何をどう考えるか、ということが大切なのです」

佐藤校長は、佐久長聖に赴任する前、渋谷教育学園渋谷中学・高校（渋渋）で教えていた。同校の開学、制服を作った時に立ちあっている。

「麻布のイメージにちょっと規律を入れたい、と考えていました。そこで学んでいるという誇りを強く持てれば、その学校の制服を着たいと思うものでしょう。でも、このときからカジュアルデーを作ってみたいと思っていました。月に1回、自由な日を作って、生徒に好きなことをさせてもいい。生徒は前日、何を着ていこうかわくわくする、そんな思いがあってもいいのではないかと」

しかし、佐藤校長は渋渋にいたころは、このアイデアを言ってはいけないと思い提案しなかった。なお、渋谷教育学園渋谷高校の田村哲夫理事長は麻布出身である。もっとも自由な麻布時代を知らない世代だ。佐久長聖が完全制服自由化することはあり得るだろうか。

「いまのところ考えていません。ただ、生徒が考え抜いて私服通学にしてほしいと求めてきたら、じっくり話し合います。いまのところ、生徒は制服に満足しており、制服自由化を求める声はきかないですね」

金沢大学附属高校

夏季限定で私服通学が認められている学校がある。国立の金沢大学附属高校だ。1995年、6月から9月にかけて「夏服自由化」が決まった。1980年代後半、夏の指定服である黒、紺のズボン、スカートが暑苦しい、何日も着用すると衛生的でなく不潔極まりない、という意見が生徒から出された。1995年、生徒有志が夏服自由化推進委員会をつくり、生徒総会で決議をとることになった。自由化に賛成205、反対60だった。これを受けて教員側も検討委員会を開き夏服自由化を決定した。校長は生徒にこう通達した。「本校における夏服は、生徒自らの判断で本校の学校生活にふさわしい服装の着用を認める。従来の夏服規定は、これを適用しない」。

全国的にも非常にめずらしいケースである。衛生面という意味では、2020年のコロナ禍につながる。山梨学院高校が感染防止策として私服通学に切り換えたことだ。この柔軟な発想はもっと広がっていい。

気候温暖化が進み、年々、夏季は猛暑日が続くなか、制服のシャツがいくら通気性があるといっても衛生面を考えれば、安価なTシャツで通学することのほうが合理性がある。夏服自由化への対応について、学校史にこんな記述がある。

「生徒にも教官にも、不思議なくらい気負いがない。その理由は何なのだろう。そこに附高の伝統を感じることができるのではないか。教官側にも「本校には、服装ごときに気をとられて、本分を疎かにする生徒はいない」。また、生徒側には「服装は決して内面を表現するものではない」という伝統的思考があるのではないか」（『附高五十年』1998年）

教員は「教官」である。国を背負うプライド、強烈なエリート意識があふれ出る。自由化しても勉強はやっているよ、と教員からここまでリスペクトされる生徒も幸せだ。なお、2003年に国立大学が法人化されてから「教官」という言葉は使われなくなった。

暑さ対策のため、制服から私服へという動きはこれから増えるかもしれない。

2020年、岐阜県立加納高校は暑さ対策として9月末までTシャツなど私服で登校することを認めた。同校には空調が備えられている。しかし、2020年は新型コロナウイルス感染対策のため、生徒から「汗をかくと制服が肌にまとわりつく」などの声が多くあがっていた。松野晶信教頭は取材にこう応えている。

「ことしの暑さは生徒も大変だと思うので、生徒を第一に授業を受けやすい環境を整えていきたい」(NHK「NEWS WEB」2020年9月2日)。

暑さ、寒さ対策からの制服自由化はずいぶん前から唱えられていた。

1970年代前半、北海道函館中部高校が制服自由となったとき、1974年入学の女子生徒が学校史でこうふり返っている。

「夏休みごろまでは少々びくつきながらも、私服を着ていった。夏の暑いさなか、制服というのはたいへん私たちにとって苦しいものである。冬の寒いさなか、制服の中にたくさん着こむのは、たいへん困難な事である。それ故、自由服着用という斬新的な発案は、私たちにとって、たいへん救いになった」(『潮流　創立百年記念誌』1995年)。

生徒の健康第一。制服の規定はここから始まり、暑さ、寒さ対策として私服通学という考え方が広まるかもしれない。

第4章
制服復活で学校リニューアル

制服復活で「朱雀は変わる、朱雀で変わる、朱雀を変える」

高校で制服復活というニュースをときおり聞くことがある。

長いあいだ、私服通学が可能だった公立高校が、数十年ぶりに制服制度が整備されたという話だ。

最近、制服が導入されたおもな学校は次のとおり（カッコ内は制服復活の年）。

◆東京・都立高校

足立（2008年）、上野（2017年）、杉並（2016年）、墨田川（2006年）、富士（2013年）、文京（2005年）

◆京都・府立高校、市立高校

鴨沂《おうき》（2013年）、桂（1998年）、朱雀《すざく》（2019年）、京都市立堀川（1999年）

◆大阪・府立高校

豊中（2011年）、長尾（2019年）、牧野（2019年）

京都の府立高校をたずねた。朱雀、鴨沂、洛北といった校名は所在地の地域や地名に由来する。じつに趣がある。他に鳥羽、山城、乙訓《おとくに》、桃山、そして、京都市立高校には堀川、紫野《むらさきの》など、その名前を見るだけで京都を散策、歴史を勉強する感覚にとらわれる。味わい深い校名だ。

京都府立朱雀高校をたずね、制服導入を進めた増田恒前校長から話を聞いた。

同校は1970年代から50年近く自由服通学が認められていた。なぜ、この時期、制服が定められたのだろうか。

「生徒は朱雀で学ぶことに自信と誇りを持ってほしい。勉強、スポーツにもっと意欲的に取り組んで、学校を活性化させたい、という強い思いからです」

「朱雀は変わる、朱雀で変わる、朱雀を変える」をキャッチフレーズに、制服導入、コース制導入、部活動活性化を計画の3本柱に掲げて、同校では「朱雀プライド計画」を進めている。

朱雀は変わる。ウラを返せば、このままでは後《おく》れをとってしまう、という危機感の表れだろうか。

京都府立朱雀高校は、1904(明治37)年に府立第二高等女学校として開校し、地元の優秀な女子生徒が通っていた。

戦後、新制の朱雀高校として継承されるが、京都の高校入学制度は小学区制を実施し、生徒は自分が住んでいる小さな学区(区、市)単位でしか、高校に通うことができなくなった。そのため、京都府内から成績優秀な生徒が集まりにくくなってしまう。それでも、朱雀高校には1970年代までは、同校の伝統に惹かれて優秀な生徒が通っていた。たとえば、京都大合格者数をみると、1951年37人(2位)、60年28人(8位)、65年20人(29位)、75年8人など。ところが1980年代以降、進学実績も勢いはなくなってしまう。1981年5人、90年1人、2000年と2010年は合格者を出していない。

在校生の7割は制服に賛成、3割は自由服を望んでいた

これは朱雀に限らなかった。府立高校全体が進学面でふるわなくなった。こうした公立高校の低迷を受けて、単独選抜制を盛り込んだ京都府の公立高校入試制度改革が2014年に行われ、各公立高校が競って自校の特色をアピールして進学実績を回復する中、朱雀

高校はこの改革の波にも乗り遅れ、取り残されてしまった。気が付けば、中学生から積極的に志望されない、就学意欲の低い生徒が通う学校になってしまった。

そこで、朱雀高校を元気のある高校にするためにさまざまな取り組みを行う決意をし、その一つが制服の復活だったわけである。増田前校長はこうふり返る。

「生徒が落ち着いて授業を受けないなど、学びの意識が低いと感じることがありました。学校に軸足をおいていない、いわば学校に気持ちが向いていないからでしょう。服装が自由ということもあって、学校に帰属意識が持てないからではないか。家を出て学校に通い、そして家に帰るまで、朱雀の生徒であるというプライドを持ち続けてほしい。そのために制服着用を求めたわけです。生徒の意識を変えるには制服導入は必要なことでした」

朱雀高校が制服を廃止したのは、1970年代前半のことだ。生徒会から申し入れ、つまり、多くの生徒の要望があって、学校は自由服通学を認めている。その際、「マナーを守るから自由服にする」という約束が生徒と学校の間で取り交わされ、その旨が生徒手帳にも書かれた。

しかし、いまの朱雀は生徒層が大きく変わってしまった。自由には責任が伴うことをよく自覚していた1970年代の生徒とは異なり、何でも許される勝手気ままを自由と取り違える生徒に対しては、自由服のままでは改革が進まない、と校長は判断したようだ。マナーの問題だけでなく、制服は、帰属意識＝愛校心を持たせるための象徴的存在として改革には欠かせなかったのだ。

朱雀高校は制服復活にいたるまでに次のようなスケジュールをたどっている。

2017年11月、まずは教職員のコンセンサスを得るところから始めた。次にOBOG、同窓会、保護者に制服着用を提案して、意見を聞いた。2018年1月、在校生に「2019年度から制服着用とする」と知らせた。

「直近の卒業生からは、自由服でなくなるのはさびしいけれど人気回復の起爆剤になればいい、という声を聞きました。在校生の7割は制服に賛成、3割は自由服を望んでいたという印象です。中には心情的に受け入れにくいと何度も校長室を訪ねる現役生徒もいて、丁寧に話し合いました」

校風は自由で生徒が伸び伸び、制服着用が生徒の管理強化につながらない

こうして、2019年からの制服着用が決まった。

まずはデザインを決めなければならない。制服メーカー4社からプランを提出してもらい、それぞれ3タイプのデザインを考えてもらった。まもなく男女別に4社3タイプ合わせて24体が学校の会議室に並べられ、全校生徒、PTA、教職員のアンケートをもとに選んだ。最終決定したデザインは、男女ともに紺のブレザー、男子はグレーのズボン、女子はタータンチェックのスカートで、白とグレーのベスト、セーターが用意されている。当初、教員が考えていたデザインとは違ったが、好評だった。

LGBTQに対応するために女子向けのスラックスもある。これは男子のズボンをベースにして作ったのではなく、女子がはいても見栄えのするデザインに仕上げた。なお、靴や靴下、ブレザーの上に着るコートなど防寒服に細かな規定はない。

「学校が京都の街なかにあるので、京都らしさを表現したかった。そこでスクールカラーとして、京都では高貴さを表すと言われる京紫を採り入れました。このころ、東京、

銀座の小学校でアルマーニの高価な制服が話題になっていたが、うちの制服の値段は標準的なもので4~5万円におさめました」

2019年度入学の制服復活1期生のために制服モデルショーを開いている。当時の2年生約60人がボランティアで協力してくれた。

「新入生のためにモデルをやって、学校生活の楽しさを語りませんか、と声をかけたら生徒たちがどんどん手をあげてくれました。このなかには自分に自信をもてない生徒がおり、「自分も朱雀の改革のために一役買いたい」と思ってくれたようです。説明会での2年生はじつに生き生きとして楽しそうでした」

「朱雀計画」をアピールした学校説明会は好評だった。2019年度は前年の3倍にあたる300人が集まっている。

2019年は1年生が制服、2、3年生は自由服である。学校は過渡期の自由服・制服混在状態への生徒の反応が気になった。しかし杞憂《きゆう》に終わった。1年生から「自由がいい」、上級生から「かわいいから制服を着たい」という声は出なかった。1年生は制服着用を知っての入学、上級生は学年進行ということを自覚していたようだった。

増田前校長は府立鴨沂高校、洛北高校で教員経験があり、いずれも両校が制服導入の時期だった。したがって、制服導入にあたってスムーズな進め方、生徒や保護者や同窓会への説明などはよくわかっていたようだ。なお、これらの学校の在校生、卒業生の一部からは、「管理的」という批判も出ていた。増田前校長はこう説明する。

「制服着用が生徒の管理強化につながるとは考えていないです。そもそも管理という言葉を間違ったイメージでとらえていることも問題ですが、なにごとも強要すれば生徒の多様性を損ないかねません。人権的な配慮が十分に必要です。校風は自由で生徒が伸び伸びと学ぶという教育方針は変わっておらず、学校を好きになって誇りをもってほしい、という強い思いから制服を導入しました」

伝統校を復活させるための改革の一つが制服導入

次にたずねたのは、府立鴨沂高校である。

同校の起源は京都府立第一高等女学校で、開校は1872年である。まもなく150年をむかえる、日本最古の公立女子校である。

同校が制服を導入したのは2013年のことだ。

「平成25年度入学生から制服を導入することになりました。デザインや色は在校生、教職員の意見のほか、学校説明会に来られた中学生や保護者の声等も参考にして決定しました。また、エンブレムとボタンは、在校生から募集したデザインを採用しています。いろいろとコーディネートできるように、ネクタイ、リボンなど、オプションアイテムもあります」

制服導入の背景には学校の人気回復、活性化があった。藤井直前校長に話を聞いた。制服復活を決定し導入したのはさらに前の校長だが、藤井氏は鴨沂高校生徒の制服姿をずっと見守ってきた。

「かつて、東の日比谷、西の鴨沂と言われたほど鴨沂は名門でした。しかし、小学区制などの影響もあって鴨沂は次第に元気がなくなってきます。長いあいだ、鴨沂はいちばん遅れてきた部分を残しており、しばらく自ら改革をおこす気力はなかった。洛北は附属を作り、嵯峨野は学科新設で学校が変わった。鴨沂も2010年代に入って普通科単独校としての伝統校を復活させるために改革を打ち出しました。その一つが制服導入でした」

図表5　1957年京都大学合格者数上位校

		高校	人
1		洛北（京都）	52
2		鴨沂（京都）	37
3		膳所（滋賀）	34
4		北野（大阪）	32
5	◎	灘（兵庫）	30
6		朱雀（京都）	29
7		大手前（大阪）	24
		天王寺（大阪）	24
9		住吉（大阪）	23
10		京都市立紫野（京都）	22
11		山城（京都）	21
12		高津（大阪）	20
13		京都市立日吉ヶ丘（京都）	16
14		神戸（兵庫）	16
	□	奈良女子大附属（奈良）	16

無印＝公立、◎＝私立、□＝国立

出典：『螢雪時代』（1957年6月号）

すこし解説しよう。「東の」都立日比谷高校は1960年代後半まで東京大合格者数でトップを続けていた。それと比して「西の」鴨沂も1950年代、京都大合格者数1位は何度かあった。鴨沂高校からの京都大合格者数の推移は、1951年63人（1位）、53年42人（1位）、

57年34人（3位）、60年45人（4位）、65年34人（14位）となっている。

鴨沂高校は京都大、同志社大、立命館大（当時）からほど近いロケーションにあり、1970年代までは鴨沂に通える学区内には、これらの大学教員で教育熱心な家庭の子弟が住んでいたからだ。エリート学者の子弟が多く鴨沂に通っていたことで、同校の大学進学実績は高かったといえる。1957年の京都大学合格者の表をまとめた（図表5）。

だが、鴨沂高校の進学実績は1970年代以降ふるわなくなる。その背景は前述したように京都の府立高校全体が進学面で地盤沈下したことによる。

もう一つ解説を加えよう。「洛北は附属を作り～」とは、洛北高校が附属中学を作って中高一貫校となり、嵯峨野高校は京都こすもす科専修コース（自然科学系統）を設置して、この2校が大学進学実績を急速に伸ばしたことをさす。

制服のコンセプトは私服に近く、3種類のシャツをその日の気分で選ぶ

鴨沂も後れをとってはいけない。教育改革を進める上で制服が大きな課題となった。藤井前校長が次のように話す。

「自由服でどうしても服装が華美になってしまう。夏場は泳ぎに行くようなかっこうで授業を受けていました。制服を導入することで生活規律をただしていく。まず、こうしたことから生徒の意識を変えようと思いました。こまかな話ですが、自転車に乗るときのマナーを知る、挨拶をしっかりするなど、常識的なことをきちんと身につけてもらうためにも、制服は大切な役割を持つと考えています。生徒側からすれば、「なんちゃって制服」を着る心の内には制服を着たいという思いがあったのではないでしょうか。また、経済的な面でも私服は華美になりお金がかかる。制服のほうが安く上がります」

制服選定にあたって、制服メーカーがコンペを行っている。制服メーカーはトンボに決まった。男女ともブレザーで女子はタータンチェックのスカート、男子は紺のズボン。

「制服のコンセプトは私服に近い、です。たとえばシャツはピンク、水色、白の3種類あり、その日の気分で選んでいい。自由度を与えることで、自分で考える習慣を身につけてほしいと思います。一方で制服メーカーを呼んで、着こなしのマナーを教えています」

制服導入から8年目をむかえた。それまで鴨沂高校は中途退学者、定員割れという、伝統校らしからぬ不名誉な事態に陥ったことがある。だが、教育改革が功を奏してきたという。中退者がゼロとなり、問題行動はなくなった。大学進学実績も高まり、国公立大学合格者が2ケタに戻った。関関同立への進学者も増えている。藤井直前校長が話す。

「入学希望者が年々増えています。府立高校の改革に乗り遅れて30年間、人気がなかった鴨沂がようやく選ばれるようになりました。最近では地域のイベントへ教職員、生徒が積極的に参加しています。要望があればグラウンドを貸し出すなど、地元から鴨沂に対する信頼も高まった。制服着用で鴨沂の生徒として自信と誇りを持ったことで、勉学面、生活面で成果が出ています」

帰属意識を高め洛北高校生としての自覚を高めてもらう

府立洛北高校をたずねた。

同校は、京都府立京都第一中学を起源とする。開校は1870年、こちらも日本最古の旧制中学と言われている。OBには湯川秀樹、朝永振一郎など著名な学者を多く輩出した。

２００４年、洛北高校は洛北高校附属中学を開校して中高一貫校を作り、その後、京都大など難関大学の合格実績が向上している。

国公立大合格者の推移は、２０１５年から２０２０年まで、77人→85人→89人→１１８人→１２７人→１４４人と右肩上がりを続けている。京都大合格者は、15人→15人→16人→15人→11人→22人と堅調である。15年以上前のデータを見ると、京都大合格者は１９９０年２人、１９９５年３人、２０００年０人、２００５年２人となっており、合格実績が格段に上がったことがわかる。同校の山本康一校長が話す。

「社会や時代の変化に応じてさまざまな改善を図りながら制度の充実が進められ、生徒一人ひとりの個性が生かせる学校をつくり、中学生が高校やコースを選択できるようにする方向で府立高校の改革が進められようとしていました。そのような中で、洛北高校では、学びたい、部活動でがんばりたいなど、生徒のニーズに応じた学校を作っていくことが、昔のような洛北高校になることへつながっていくと考えられました。府民の血税をいただいている公立高校ですから、将来社会貢献できる人材の育成に努めなければならないと思います」

洛北高校は改革を進める中、2001年、学年進行で制服を導入した。同校はそれまで制服規定はほとんどないに等しかった。だが、生活習慣の乱れは目に余るものがある。

「名門校復活のためには、まず帰属意識を高め洛北高校生としての自覚を高めてもらうことが肝要と考えられ、そのためには、制服を着用し学習や部活動にしっかり取り組み、実績を積み重ねるべきだという方向に進みました」

山本校長は続ける。

「制服を制定したとき、さまざまな意見が出たようですが、大きな反対運動は起こらず、比較的スムーズに進んだようです。当時の先生方はご苦労なさったことと思います。現在では、洛北高校生という自覚が、制服をきちんと着こなすことにも表れていると思います。生活規律が主体的に守られる。その上で、学習や部活動への取り組み方も良い方向に進んでいます。制服の効果は現れ、定着したと言えるでしょう。パンツスタイルの女子もいます」

洛北高校の説明会では制服の話がでてくるが、おおむね好意的に受け止められている。山本校長は、以前勤務していた府立高校で制服を導入するとき教員として指導してきた。そのときの体験から次のような話をしてくれた。

「日光アレルギーの体質や、皮膚疾患、あざや傷あとのある生徒もいます。それはあまり人に知られたくないものです。少数の声なき思いにも応える準備をしてあげたい。ジェンダーの問題以前に、そういうことに配慮した基準服があっていいと思います。それが結果的に、長袖シャツと半袖シャツの色を同じにしたり、女子用パンツを設定したりすることにつながることもあります」

府立桂高校生徒が国連で制服導入反対を訴える

府立洛北高校が制服を導入する4年前のことである。府立桂高校がひと足早く制服を復活させたが、スムーズにことは進まなかった。生徒、PTAから「大きな反対運動」にあったのである。

1997年3月1日、京都府立桂高校卒業式は異様な雰囲気に包まれていた。卒業生代表男女2人が答辞のなかで学校の姿勢を厳しく批判した。涙ながらに。

「制服導入に納得がいきません。時間をかけて話し合ってほしいと申し上げたが、なぜ急ぐのですか。残念ながら校長先生の強硬な態度は信頼関係を壊すものでした。学校で学んだことが根本から否定され、誇りを汚されたという思いがします」

その後、卒業生が立ち上がり「私たちの意見を尊重してください」と訴えた。

在校生も送辞でこう援軍している。

「校風の象徴である自由服の伝統を絶やさず、生徒が主人公の学校であり続けるようにしたい」

これに対して校長は式辞でこう話している。

「新1年生から制服を導入しますが、自由服に誇りを持つみなさんに早く話せなくて申しわけなく思っています」

なぜ、卒業式で造反答辞、送辞は行われたのか。事の発端は、前年11月、校長が「来年度の入学生から制服を導入する」と発言したことによる。学校として一体感をもたせる、学校生活にけじめをつける、などが導入の理由だったとされる。この決定は職員会議ではかられたが教師50人中、33人が反対していた。しかし、校長の決意は揺るがず、推し進めようとした。

だが、生徒から予想以上の反発を受けてしまう。生徒総会を開いて賛否の決をとったところ、出席者1080人のうち950人が「自主・自立・自由服の精神を守る決議」に賛成した。そのあとに行われた2学期終業式では壇上で校長が「制服を導入したい。制服で桂高校生として一体感を養ってほしい」旨の発言をすると、生徒が猛反発して、「制服を導入すると学校の伝統が崩れる」などと訴えている。

1997年度がはじまった。新入生360人のうち12人（男子9人、女子3人）が制服着用を拒否した。彼らはジャケットやブレザーを羽織っていたが、ズボンやスカートなど半分制服姿の生徒もいた。メディアがこう伝える。

「黒いオーバースカートに白いブラウスで登校した女子生徒は「校長先生が制服導入をはっきり言わなかった。制服を買っても周りが全部私服だったら着たくないので買わなかった。今日は式用のきちんとした私服です」と話す。また別の男子生徒は麻のジャケットにクリーム色のパンツで登校、「校長は制服を着るように望む、というばかりで一度も意見を聞いてくれなかった。直接話してくれるなら、制服を着ることも考えたい」。私服のセーターとブラウスに制服のスカートという「半私服」で登校した女子生徒2人は「制服はいやじゃないけど、学校の対応がはっきりせず、上は私服にしました」」（朝日新聞1997年4月10日）。

その後、生徒有志はなおも制服着用反対運動を続けた。彼らを支援する弁護士が集まって、桂高校制服問題弁護団を結成し、学校に対して生徒の反対意見を尊重しなかった経緯は「子どもの権利条約」に違反しており、無理に制服を着用させないで、生徒の自主決定権を大切にするよう、訴えた。

同年11月、また、生徒有志はジュネーブの国連欧州本部で開催された、国連子どもの権利委員会に出席して、制服着用にあたって校長が生徒の意見を聞かなかったことについて報告した。98年5月にも、同校生徒有志が国連子どもの権利委員会で制服導入問題を報告している。

桂高校の制服問題は自由時代の在校生が卒業して代替わりすると終息したようである。なお、同時期、府立嵯峨野高校でも制服を導入し、卒業式で制服反対を訴える造反答辞があった。その後「大きな反対運動」は起こっていない。

前述の朱雀、鴨沂、洛北で制服を導入した校長はもちろん、桂高校の問題が国連で報告されるようになった経緯を知っている。桂高校のようにはならないように早めに準備をし在校生、保護者、同窓会など学校関係者に理解を求めていたようだ。

制服、頭髪などのルールを教えるのは高校が最後だ

1990年代以降、全国の公立高校で制服復活が見られた(図表6)。東京の都立高校

図表6　制服着用が復活したおもな高校
（1995年に私服通学可だった学校。2020年７月現在）

都道府県	高校	制服（男）	制服（女）
東京	都立足立高校	ブレザー	ブレザー
東京	都立板橋高校	ブレザー	ブレザー
東京	都立上野高校	ブレザー	ブレザー
東京	都立大泉高校	詰襟	セーラー服
東京	都立北豊島工業高校	詰襟	ブレザー
東京	都立鷺宮高校	ブレザー	ブレザー
東京	都立杉並高校	ブレザー	セーラー服
東京	都立墨田川高校	詰襟	ブレザー
東京	都立石神井高校	ブレザー	ブレザー
東京	都立千歳丘高校	ブレザー	ブレザー
東京	都立田園調布高校	ブレザー	ブレザー
東京	都立広尾高校	ブレザー	ブレザー
東京	都立富士高校	詰襟	セーラー服
東京	都立文京高校	詰襟	ブレザー
東京	都立松原高校	ブレザー	ブレザー
東京	都立向丘高校	ブレザー	ブレザー
東京	都立目黒高校	ブレザー	ブレザー
新潟	自然学園高校	ブレザー	ブレザー
長野	長野県大町岳陽高校	ブレザー	ブレザー
三重	県立白子高校	ブレザー	ブレザー
京都	府立鴨沂高校	ブレザー	ブレザー
京都	府立桂高校	ブレザー	ブレザー
京都	府立嵯峨野高校	ブレザー	ブレザー
京都	府立朱雀高校	ブレザー	ブレザー
京都	府立洛北高校	ブレザー	ブレザー
京都	京都市立堀川高等学校	ブレザー	ブレザー
大阪	府立豊中高校	ブレザー	ブレザー
大阪	府立長尾高校	ブレザー	ブレザー
大阪	府立牧野高校	詰・ブ(＊)	ブレザー
大阪	府立港高校	ブレザー	ブレザー
兵庫	市立尼崎高校	ブレザー	ブレザー
兵庫	関西学院高等部	ブレザー	ブレザー

出典：著者調べ。原則として全日制高校、単位制高校が対象。通信制、夜間のみの学校は含まれていない。『高校生活指導』（1995年春号　青木書店）の特集企画「全国私服高校カタログ」で紹介された私服通学可だった学校のうち、2020年７月時点で制服着用となった学校を掲載した。東京の都立高校、大阪の府立高校は教育委員会のウェブサイトで確認。（＊）「詰・ブ」は詰襟・ブレザーの選択制。

では少なくとも20校以上は復活している。このなかには募集を停止して新しい学校に生まれ変わったところもある。①2006年に都立大学附属高校が中高一貫校の都立桜修館中等教育学校に引き継がれたとき、②2003年に都立千歳高校と都立明正高校が統合して都立芦花高校になったとき、いずれも制服着用となった。

都立九段高校は1970年に制服自由となり、92年に制服を復活したあと、2006年には学校区へ移管され千代田区立九段中等教育学校に生まれ変わった。

同校の起源は1924年設立の第一東京市立中学校である。当初から制服はブレザーにネクタイだった。イギリスの名門校イートン校にならったという。戦後、都立九段高校になってからも男女ともにブレザーが引き継がれる。男子生徒は最寄り駅の駅員に間違われたほど、1950年代、60年代の男子のブレザーはめずらしかった。制服自由時代を経て、再びブレザーになるが、九段中等教育学校になると詰襟、セーラー服が採用される。復古的な変化を見せてくれた。

1990年代以降、制服を復活させた学校の校長（当時）に話を聞くことができた。

この学校は制服自由が長く続き、通学服が派手になり、学習意欲に乏しい状況を目の当たりにした校長は制服導入を発表した。それを受けた生徒総会は荒れた。

「なかには大声で怒鳴ったり、泣き叫んだりする生徒もいました。自由とは何か、について こんなにも熱く語るパワーがあるならば、それを勉強や部活動に使ってもいいのにと思ったほどです。わたしは彼らを見て胸が熱くなり感動しました」

ふだんは学校のことに関心を持たない生徒まで、集まっている全校生徒がほぼそろって、こんなに盛り上がるのはこれまで見たことがなかった。自由はルールがあってこその自由であり、そのなかでなにができるかを考える。枠組みがない自由はただのちゃらんぽらんにすぎない。いまの学校には制服が必要だ。生徒は自由がなくなるからと言うが、自由の意味をはき違えている。校長はそう考えながら、自由について真剣に語り合う生徒に目を細めていた。

制服導入はすべてが校長の判断で決まる。だが、校長1人で制服を導入することはできない。そのために同窓会、ＰＴＡに説明して理解を求め、協力を取り付けた。だが、教員の多くは反発した。これがいちばんつらかったようだ。在校生からの反発は相変わらず強い。校長に聞こえるように、「そんなことにならねえんだよ」「おまえのポイントになるようなことはしたくない」と話す生徒もいた。ヒトラーのような独裁者とも陰口を言われた。それでも校長は粘り強く制服の魅力を説き、理解を求めた。

「制服をきちんと着てみてほしい。「よーし」ってやる気が出て、しゃきっとなる。学校を背負っているという誇り、学校に対するプライドをもつことができます。それが制服の魅力です。在校生が制服に反対するのは、自分たちの居心地が良い場を奪われると思ったからでしょう。学校を良くするためには制服が必要だったのですが、それだけではダメです。制服はあくまでもきっかけであり、生徒と話し合ってこういう制服に変えました、だけではきれいごとです。そのあと、学校をどう良くするかまで考えなければ意味はありません」

また、校長からみれば、生徒は「自由だからこの学校に入った」と言うだけで、学校に対する帰属意識が欠けているように見えた。生徒にこう訴えた。

「学校を好きになるために制服を着てほしい。制服、頭髪などのルールを教えるのは高校が最後であり、大学に入ったらそんな細かなことは教えない。すべて自分で考えなければならない。したがって、大人になる前の最低限のルールとして君たちに教えているのです」

このとき同校に通っていた元生徒は次のように話す。

「自主自立を重んじる校風を謳《うた》っており、髪の毛とか制服とか見た目に関する校則はない学校でした。制服は標準服制度があり、着ても着なくてもよかったわけです。ところが、校長が秋の中学生向けの説明会で「染髪は禁止にします。制服制度を導入します」と発表したことで、「その前に私たちに説明しろよ」とみんな怒ったわけです。そこから署名活動、臨時の生徒総会開催など、さまざまな活動に取り組みました」

生徒総会で次の3つの議案が可決した。①新1年生からの校則改定、制服着用について説明がないまま公表したことに抗議する。②新1年生の校則改定の取り消しを求める。③今後、生徒の学校生活に関わる重要な決定をする場合、在校生および保護者に明確な説明なしに決定、公表、実施しないことを求める。元生徒は続ける。

「しかし、生徒総会の決議は何の効力もなかった。校長は「校則を変えるというのは校長先生の仕事だから、君たちの意見は関係ないよ」と言うだけで、校則は変わり制服着用となったわけです。残念です」

校長と生徒がかみ合わないまま制服着用となった。

伝統ある上野高校に相応しい、格調高く品のあるデザイン

2016年、都立上野高校は制服を復活した。関係者によれば風紀の統一、学力が落ちていたので、学校生活を正し、登校への意識、勉強へ向かう意識を作るということで制服を導入したという。制服について、次のように説明する。

「《制服のコンセプト》
伝統ある上野高校に相応しい、格調高く品のあるデザイン冬服は男女とも濃紺のジャケットです。男子のスラックスはグレーベースの今風のワンタック、女子のスカートは光のあたり方で浮かび上がるシャドーチェック柄を採用し上品さと高級感を醸し出しています。ネクタイ・リボンは襟元を凛《りん》と引き締め知的な印象を与える紺ベースのレジメンタルです。胸にはオリジナルの横型エンブレムを配し他校との区別化をはかっています」（同校ウェブサイト）

ペガサス東和塾という中学、高校の受験塾が上野高校で制服を導入したことについて、次のように触れている。

「本日の塾向けの説明会では、江本敏男校長から上野高校の概要についてご説明がありました。校長は東京都教育委員会に18年間務め、都立高校の入試や再編、そして復活に向けて努力してきた方で、言わば都立高校を知り尽くしたエキスパートです。進学アドバンス校の認定をした江本校長自らが4年前に上野高校に着任し、教育委員会のバックアップの下で、名門校復活に向けた改革を断行してきました。旧5学区は、上野高校が引っ張っていた学区で、全盛期は東大合格者を40名近く出していた都立名門でした。

しかし、学校の評価は時代で変わります。あまりに自由な校風で、ピアスを開けたり、髪を染めたりと風紀が乱れていました。入学した生徒が悪いわけではなく、名門意識の上に、のんきにかまえて、何の努力もしてこなかった教職員に責任があります。「上野高校は365日文化祭の高校」とまで揶揄《やゆ》されていました。そこで、江本校長のリーダーシップの下で、制服を導入し、校則を見直し、新しく生まれ変わりました。その変化は、廊下ですれ違う生徒の笑顔、教室で真剣に学んでいる姿勢をみればすぐに気づくはずです。名門校の復活、それに縛られず、東京を代表するフレッシュな進学校として進化してくれると思います」（同塾ウェブサイト2018年10月10日）

大学生と高校生の見分けがつかないのは良くない

私立で制服を復活した学校がある。関西学院高等部である。

2000年代、関西大手私立大学では附属、系列校として小学校の開校が相次いだ。同志社小学校（2006年）、立命館小学校（2006年）、関西大学初等部（2010年）。関西学院初等部（2008年）。いずれも共学である。

関西学院初等部の1期生（1～3年生）は、2012年に中学部、2015年には高等部へ進むことになる。彼らを受け入れる中学部、高等部は旧制中学からの長い歴史をもつ男子校であり、高等部は私服通学だったが中学部、高等部は初等部からの進学者の受け入れを契機に共学化し、高等部も制服着用とすることになった。なお、中学部、高等部はもともと詰襟の学生服が規定されていたが、1970年頃、全国で大学紛争が起こり、その時代の空気の中で高等部は私服通学ができるようになった。このときの様子が学校史に記されている。

「紛争のきっかけをつかもうとした生徒たちによって、制服廃止の提案が行なわれ、それが生徒たちの賛同を得て学校側に要求としてつきつけられた。しかし、この問題は、それまでにも高等部の教師の中に制服を廃止して服装の自由化を提唱する人もあり、また、生徒の体格の向上とセーター類など衣服の質の向上もあって、制服がかえって良い印象を与えなくなった理由もあり、教師会の賛成により認められる結果になった」（『関西学院高中部百年史』1989年）

1980年代、式典に着用するブレザースタイルの制定服が定められたが、これを着る学生はほとんど見られなかった。
2000年代に入ると、卒業式でも制定服姿を多く見かけるようになり、2006年から普段は私服だが式典では制定服を着用することになった。
そして、初等部1期生を受け入れる2015年をむかえる。関学高等部は共学化プロジェクト委員会をつくり、このなかで制服検討委員会を設置する。その座長をつとめた東浦哲也教諭に話を聞いた。

「制服をどうしようかという議論になったとき、私服のままでいいのではないかという意見も多くありましたが、様々な議論の結果、最終的に制服の制定が決まります。いちばんのポイントは高等部が大学と隣接しており、2万人の学生がいるなかで大学生と高校生の見分けがつかないのは良くないということでした。通学路も一緒です。セキュリティ面を考えると女子生徒を守るためにも、高等部は制服を導入したほうがいいという結論になりました」

在校生からは「自由が損なわれる」という反対意見も一部あったが、制服自由化継続を求める運動には発展しなかったようだ。

制服検討委員会は1年半にわたり17回開かれた。制服の制作を依頼したトンボ学生服が何回も試作品を作り、じっくりと話し合った。男女ともに紺のツイル生地のブレザー、胸ポケットの関西学院のエンブレムの刺繍が特徴的で、男子は段返り3つボタンブレザーにグレーのズボン、女子は3つボタンブレザーにえんじ色の糸が織り込まれたグレーのスカートに決まった。東浦教諭は美術科を担当しており、デザインにはこだわりがあった。

「委員会メンバーで共有していたのは「スマートなバンカラ」というコンセプトです。野暮ったくバンカラすぎるのはイヤ、スマートすぎるのもイヤ。男子はたくましさと知性、女子は活動的だけど、やさしさ、エレガンスさを兼ね備えたデザインを考えました。女子スカートは当時チェック柄が流行っていましたが、わたしは、それは関学らしくないと思いました。男子のグレーのズボンに見合うシンプルで上質な生地がいいと考えました。選び抜かれたシンプルさのほうがおしゃれに見えます」

細部にもこだわった。関西学院のシンボルマークである三日月の校章をネクタイ、ズボン、リボン、スカートに忍ばせている。夏季制服としてポロシャツを用意し、男女それぞれの胸ポケットと袖口には「Kwansei Gakuin Senior High School」と「三日月」が刺繍されている。

共学化になって5年以上経った。女子生徒は「かわいい」というよりお姉さんとして見られたい。それに見合った制服ではないかと、東浦教諭は評価している。

第5章
制服を作る側の戦略

スカート丈を短くできないように固い芯を入れる

制服モデルチェンジをした学校を訪問すると、「業者さんのコンペによって決まりました」という答えがよく返ってくる。「業者さん」とは制服メーカーのことだが、必ず名前があがる企業がある。菅公《かんこう》学生服、明石スクールユニフォームカンパニー、トンボ、瀧本である。これらは学生服大手4社と呼ばれており、全国各地で鎬《しのぎ》を削っている。もちろん、制服メーカーは4社だけではない。中堅メーカー、地域に根ざした洋品店などがある。だが、競争が厳しいゆえ、制服モデルチェンジが流行した1990年代以降、廃業あるいは業種転換したところは少なくない。

そもそも少子化に歯止めがかからない時代である。高校生の数が減るだけ競争は厳しくなるばかりで、制服メーカーには創意と工夫、営業販売戦略が求められている。

菅公学生服、明石スクールユニフォームカンパニー、トンボの3社を訪問し、制服史、制服デザイン、制服の販売戦略などについて担当者から話を聞いた。シンクタンクのような、学生文化、教育制度に詳しい専門家がおり、学校、生徒、保護者とは違った制服観を知ることができ興味深かった。

創業が古い順に紹介しよう（本社所在地、創業年）。

菅公学生服株式会社（岡山県岡山市　1854年）。学生服の生産は1923年から始まった。社名の「菅公」は学問の神様、「菅原道真」に由来する。

同社の「カンコー学生服」は全国的に知名度抜群である。1970年代〜80年代にかけて、同社のコマーシャルに当時、人気絶頂だった芸能人を起用したからだ。フォーリーブス（1970年〜）、桜田淳子（74年〜）、香坂みゆき、太川陽介（1980年〜）早見優、竹本孝之（82年〜）、岡田有希子（85年〜）、酒井法子（87年〜）などが出演している。受験雑誌の広告、洋品店に飾られた等身大ポスターにも登場し、「カンコー」は強烈なインパクトを与えてくれたからだ。

制服モデルチェンジはどのように行われるのか。菅公学生服の取り組みについて、営業本部第二学校推進部部長の吉川淳稔氏に話を聞いた。

「学校が制服を変えたいという意志を私たちに示していただくことから始まります。私たちは「こういうものがあります」と提案するより、学校が真に求めているものをベースにして、独自のものを提案します。進め方としていろいろありますが、学校のニーズをうかがい、それを形にして先方にプレゼンを行ってご採用いただくのがもっとも多いパターンだと思います。いま、学校が制服モデルチェンジに期待されていることは生徒募集、トランスジェンダー対応など多岐にわたります」

制服の値段設定については、とてもむずかしいという。

「制服に対する価値観によって、値段の捉え方が変わってくると思います。毎日着ることを考えればとても安いという意見がある一方で、3年しか着ないのに高くないかという見方もされます。制服メーカーとしては安かろう、悪かろうではなく価値があるものを適正な対価で販売できるか。トランスジェンダーに限らず、生徒の悩みに対応できる制服を作っていくことができるか。私たちの大きな課題です」

防犯、そして、着こなしという観点からも、制服のあり方が問われるようになった。

「「なんちゃって制服」が流行したあと、スカートが短くなったことが大きな問題になりました。変形をさせない、いわゆる着崩しを防ぐための工夫をするわけです。スカートを折り曲げられないように、ウエスト部分に固いプラスチックの芯を入れたり、逆にやわらかくしたりする。また、丈を短く切らないように校章や刺繡をつけるなどです。その学校の生徒全員に向けての着こなしのセミナーも行っていますが、これはかなり需要があります。少し前までは正しい着こなしを講じ、いまは身だしなみなどの立ち居振る舞いについても伝えています」

制服にトランスミッターを付けて体調を管理する

制服メーカーからみた学生服の歴史、移り変わりについて、同社開発本部提案企画部スクール学校提案課課長の川井正則氏に聞いた。

「戦後、全国で男子は詰襟、女子はセーラー服やスーツが採用されました。1970年代に入ると、ボンタン、長ランといわれる変形制服がツッパリのファッションとして流行します。この変形制服への対策もあって、1980年代に入ると詰襟からブレザーの採用が増えてきたと認識しています。同時に、ＳＩ（スクール・アイデンティティー）が広まり、学生らしさに加え、学校らしさを表現し、この学校の生徒だと一目でわかる制服が増えました」

学校ごとに違うブレザーは選ばれたメーカーでしか作れなくなる。

「１９９０年代以降も、学校らしさの表現が求められ、まわりの学校と違う独自性の表現の一つとしてデザイナーズブランドの制服採用が増えました。デザイン面だけでなく、新たな価値として環境に配慮したエコ素材も増えてきました。また、詰襟の変形学生服は姿を消す一方で、90年代後半は着崩しが見られるようになってきました。スカートを短くする、シャツを外に出す、ネクタイを緩めるなどです。決められた制服で崩すことは２０００年代まで続きます。２０１０年代に入ると着崩しは減ります。制服モデルチェンジで着崩し対策が行われたこともありますが、ブームが去り生徒も着崩しに関心がなくなったようです」

制服モデルチェンジは何をもたらすのだろうか。

「制服のデザインを変えることで学校の人気が高くなる場合もありますが、制服ありきではなく、やはり生徒さんは本来の学びの部分で学校を選び、さらに制服のデザインが連動してくるという順番での人気だと思います。そこで私たちは、制服のデザインを変えるだけでなく、キャリア教育につながるようなプランやイベントもあわせて提案しています」

安心、安全面からの制服のあり方について、同社開発本部学生工学研究所部長の三宅利明氏が次のように解説してくれた。

「学校、生徒、保護者が制服に何が必要なのかを常に考えています。昨今、通学時での安心、安全面が求められますが、制服そのもので犯罪を防止することはむずかしいと考えます。だけど、例えば制服にGPSを付けてどこにいるのかを親御さんに知らせることはできます。また、トランスミッター付きの制服を作って体調を管理することも研究していきます。時代とともに制服に新しい技術を取りこむことによって、少しでも安全、安心な方向に導くことができるように社会貢献をしたいと考えています」

詰襟、セーラー服はどうなるだろうか。

「学校の立場からすれば、制服はあくまで学校ブランディングの中の一つだと思うので、制服ありきでは考えません。私たちとしてはその学校にふさわしいと思われる制服を提案します。例えば歴史と伝統を重んじる学校であれば、今後も詰襟学生服やセーラー服を提案するかもしれません。ただ、より着心地がよく取り扱いのしやすい素材で提案します」

学校の新しい教育方針、社会の変化について、どのような制服で対応できるだろうか。

「近年は特に性の多様性へ配慮した制服の提案が求められています。実際、私たちがトランスジェンダーの方々にアンケートをとったところ、詰襟やセーラー服は性差をはっきりさせてしまうアイテムのため抵抗があるとの意見もありました。ブレザーの方が抵抗は少ないということもあり、ブレザー化の流れが出てきているのは事実です。そのような〝モノ〟の対応もありますし、社会の変化に対応できる人づくりの一環として、職場体験や、一緒に制服を作りあげる実学体験の場など〝コト〟の提供も行っています。これからも学校と連携した人づくりを意識しながら、誰もが社会で幸せに生活できるように、制服メーカーとして努力していきたいと思います」

「なんちゃって」を含めた制服文化とアイドル文化を融合させる

明石スクールユニフォームカンパニー（明石S.U.C.）（岡山県倉敷市　1865年）をたずねた。「富士ヨット学生服」というブランド名で知られており、1960年代～1980年代にかけてコマーシャルに三田明、山口百恵、石野真子、中森明菜などが登場した。1988年、森英恵とデザイン提携を行い、「ハナエ・モリ スクールジェンヌ」を発表している。2003年には「リカちゃん」（タカラトミー）を起用している。

明石S.U.C.が手がける制服は、おしゃれでアイドルグループ風と言われることがある。それもそのはずで、2016年、同社はAKB48グループの衣装を担当するオサレカンパ

図表7　O. C. S. D. を採用した高校

都道府県		高校
千葉	◎	鴨川令徳高校
新潟	◎	日本文理高校
静岡	◎	菊川南陵高校
愛知	◎	星城高校
愛知		新城有教館高校
愛知	◎	名古屋経済大学 市邨高校
愛知	◎	名古屋経済大学 中学校
京都	◎	京都明徳高校
京都	◎	福知山成美高校
京都	◎	華頂女子高校
奈良	◎	奈良育英中学校・高等学校
和歌山	◎	和歌山南陵高校
岡山		倉敷鷲羽高校
岡山		総社高校
岡山	◎	滋慶学園高校 美作キャンパス
山口	◎	宇部フロンティア大学付属中学校
愛媛	◎	新田高校
愛媛		新居浜東高校
福岡	◎	久留米信愛中学校・高等学校
福岡	◎	希望が丘高校
長崎		松浦高校
熊本		芦北高校
鹿児島		志布志高校
鹿児島		指宿高校

無印＝公立　◎＝私立

出典：2020年７月現在　O. C. S. D. のウェブサイトから作成

ニーと提携。コラボ企画として「O.C.S.D.（オサレカンパニースクールデザイン）」を立ちあげ、女子生徒から「かわいい、着てみたい」と支持される制服を発表してきたからだ。近年、O.C.S.D.を採用する学校が増えている。採用校を表にまとめた（図表7）。

同社営業本部スクール第二販売本部長の榊原隆氏に話を聞いた。

「1990年代、制服業界でデザイナーズブランドが確立する一方で、「なんちゃって」に見られる制服もどきが広がりました。それは2000年代まで続き、両者が入り混じって混沌《こんとん》としていた時代といっていいでしょう。私たちは「なんちゃって制服」は、真の制服ではないという立場で一線を画していました。学校を一つのブランドと考え、主役である生徒が着たい制服をつくる。そのため学校指定の制服をおしゃれでかわいい、かっこいいデザインにするべきではないかと考えたわけです」

そこで、明石S.U.C.は、アイドルグループの新しい衣装を生み出すオサレカンパニーに注目して、コラボすることになった。

「日本の学校制服は世界で注目されるようになり、日本の魅力を世界に伝えるというクールジャパンの一つになっています。「なんちゃって」を含めた制服文化とアイドル文化を融合させれば、もっとすばらしい制服ができると考えたわけです。O.C.S.D.は学校ごとにオリジナル制服を作っていますが、学校からの細かな要望を受け入れ、一からデザイン画を描き直して提案します。自社のデザイナーから生まれてこない面白い発想が出てきます」

O.C.S.D.はコンセプトとして「360度カワイイ&カッコイイ制服」を掲げる。そのために、生徒が着たい制服を知るための聞き取り、マーケティングは欠かさない。

「O.C.S.D.は純粋に学校の思い、生徒の考えを知りたいのです。そこで、制服を決めるにあたって、在校生、そして受験する学校の説明会やオープンスクールに参加する中学生に投票してもらうイベントを提案しています」

着崩し、防犯についてはどうだろうか。

「2010年代前半ぐらいまで、学校から着崩し対策について相談をいくつか受けていました。最近は減っています。生徒がその学校の制服に愛着を感じ、誇りを持って着ているからでしょう。防犯についてはスカートが短くならないような工夫をしています」

生徒が着用したくなる制服をつくるための答えは、生徒自身の中にある

制服のモデルチェンジで学校は変わることができるだろうか。

「他社が踏み込んでやっていないような取り組みだけに、ずいぶん興味を持ってもらいました。おかげさまで評判は上々です。制服が変わったことを転機ととらえて生徒募集活動に力を入れるところが増えています。もっとも、どんなにいいデザインでも、O.C.S.D.の事前評価が高くてもそれだけで志願者増が見込めるわけではありません。教育内容でどう変わるかが問われます」

O.C.S.D.の制服を採用した学校の意見を紹介しよう（O.C.S.D.のウェブサイトより）。

愛媛県立新居浜東高等学校（生徒）

「すごく爽やかでかわいい制服だと思います。昨年夏の新制服発表のときから噂になっていて、制服も学校選択の一つの基準になりました。ジャケットを脱いでニットベストを着用したスタイルも気に入っています」

長崎県立松浦高校（教員）

「定員割れの状態が続いていた本校に対し、松浦市から、地元の縫製工場で生産された制服に替えることにより松浦高校の魅力を向上することができないかとの提案があったことがきっかけでした。

そして24年ぶりに制服を改訂するにあたり、生徒が着用したくなるような制服をつくるための答えは、生徒自身の中にあると考えました。そのため公募によって生徒実行委員会を組織し生徒が制服を企画することにしました。

生徒実行委員会は半年以上かけて制服の企画を行い、新しい制服を完成させました。生徒が中心となって制服を改訂したことで個性的で魅力的な制服を創ることができました。やはり答えは生徒自身が持っていました」

明石S.U.Cも老舗制服メーカーである。1970年代までは今のような大胆な発想はなかった。

「1970年代までは詰襟、セーラー服を作っており、オリジナルとは縁がありませんでした。1986年に『制服革命』を出版します。ここでSI（スクール・アイデンティティー）を唱え、画一的なものではなく、その学校に応じた制服を提言するようになりました。森英恵ブランドによる新しいデザインを生み出します。制服革命をさらに進化した形がO.C.S.D.につながったわけです」

1964年東京オリンピックを機に詰襟からブレザーへ

トンボ（岡山県岡山市北区　1876年）を訪問した。1954年、これまでのブランド商品を「トンボ学生服」に改めて、全国展開により力を入れる。2006年には帝国興業、テイコクから現社名に変更した。1989年に山本寛斎、1994年には中野裕通と提携する。

同社事業開発推進部槙野陽介氏に解説をお願いした。戦後の、制服の市場拡大、歴史はなかなか興味深い。

「戦前にはあこがれだったものが身近な存在になったため、詰襟、セーラー服がこぞって制服化されました。その後、1950年に入ると、大手紡績メーカーが学生服生地供給先を限定したため、小規模学生服メーカーの中から、ジーンズや作業服などに転身する会社が相次ぎます。1963年に1000万着以上生産していた詰襟学生服が、1964年オリンピック東京大会を境にして430万着へ減少しました。これはオリンピック開会式でブレザースタイルの入場行進の印象も強かったため、大学生の詰襟着用が一気に減少したためと思われます」

1960年代半ばまで詰襟学生服姿の大学生を多く見かけることができた。戦前の旧制高校や専門学校、帝国大学の名残だが、戦後の貧しい時代が続くなかで服装を揃えることができなかった、という現実がある。1960年の安保闘争で国会前に集まった大学生には詰襟姿が多いことも写真で確認できる。1964年は高度経済成長が始まったころで、少しずつだが余裕ができたのだろう。また、ブレザーのカッコよさに惹かれた大学生が詰襟を脱ぎ捨てたといえそうだ。石津謙介のVANジャケットが流行したのもこのころである。なお、１９６９年、東京大安田講堂での東大全共闘と機動隊の攻防戦で詰襟姿は登場しない。学生運動とは相性が悪かったようだ。

さすがに高校生に脱詰襟は伝播しなかった。校則で制服着用がしっかり決められている。１９６９年、いくつかの学校でストライキ、バリケード封鎖が起こり、校内が無法地帯になったとき、高校生の活動家たちは詰襟を脱ぎすてる、というシーンが登場するが、１９７０年代になると、制服が自由化（１０７ページ）された学校以外では、高校生たちは詰襟に再び袖を通すようになった。

トンボの事業展開について槙野氏から解説してもらった。

１９７６年、トンボはＳＩ（スクール・アイデンティティー）という概念を打ち立て、学校の個性を反映させたブレザー制服スタイルの導入を提唱している。

「１９８０年代後半から90年代にかけて、第2次ベビーブームで需要が増加するなか、ブレザー制服化が加速します。こうしたなか、制服メーカーはデザイナーと提携したデザイナーズブランドを展開します。トンボは１９８９年に山本寛斎氏、１９９４年に中野裕通氏と契約を結びます」

1990年代後半から、制服ブームが起こった。槙野氏はこう分析する。

「従来の伝統的学校価値観に加え、サブカルチャーが高校生年代まで市民権を得た結果、コギャル価値観が台頭し、ブレザー制服（高校生ファッションといわれる）着こなしや、なんちゃって制服が一定の存在感を示すようになりました。2010年代から今日にいたるまでは、少子化の影響を受けて市場規模の縮小に伴い、大手制服メーカーの寡占化が進みます」

品質的には毎日3年間着用できる強度が求められる

そして、2020年。制服メーカーは学校にどのような提案をしているだろうか。

「学校さまごとに思いも環境も異なります。制服を提案する学校さまへヒアリングし、その学校さまにベストの制服提案を心がけています。学校制服は長期的な採用となるケースが多く、トレンドを意識しすぎず、いつまでもあきのこないデザイン性が求められます。また制服は学校でデザイン・仕様を決定されますが、実際に着るのは生徒、購入されるのは保護者と、一般のアパレル商品と違い、「自分の好きな服を納得した金額で購入する」という構図となっていません。よって先生のご意見はもちろん、生徒や保護者、地域の方々の思いもくみ取りながら提案しています」

女子生徒の安全、安心を守るにはどうしたらいいだろうか。

「関係者以外が購入できない仕組みをつくり、生徒の着崩し防止仕様を採用するなどのハード面、また「制服着こなしセミナー」を開催して制服を綺麗に着ようと思ってもらうソフト面の両面でサポートし、外見で犯罪者の対象にならないよう、指導の支援をしています」

制服の値段はどのように決まるのか。それはリーズナブルな値段となっているだろうか。生徒、保護者にとって気になるところだ。

「金額的な部分は制服販売店さまが基本設定、学校へ提示し承認後決定いたします。既存の制服価格をもとに設定されるケースが多いと思います。

学校制服は合格発表・採寸から入学式まで期間が短いなか、すべての生徒（どんな体型の方でも）に納品しなければなりません。そのために海外ではなく国内の工場をかかえ短納期生産する必要があります。そして学校さまがその制服を採用していただいている限り、何年先でも同じ商品を納品し続ける必要もあります。また品質的には毎日3年間着用できる強度が求められます。こうした理由から一般アパレル商品と比較するとどうしても高くなっています。3年間着ると考えれば私服と比較するとリーズナブルになるのですが、初期費用としては高い状況です」

制服のモデルチェンジは学校にどのようなメリットをもたらすだろうか。

「モデルチェンジをして、まったく効果がなかった学校はないでしょう。効果の想定イメージが高く、そのイメージ通りにいかないことはあるかと思います。現状のデメリット部分をブラッシュアップするので、基本は効果があると考えています。ただ、デザイン性や機能性は上がったが、価格が高くなった場合、これは先生・生徒にとってはうれしいのですが、保護者的にはマイナスイメージになる、そんなケースもあります。効果の判断基準には難しさがあると感じますが、先生・生徒・保護者みんなが喜んでくれる制服を提案していきたいと考えております」

制服姿でディズニーランドへ行き写真をとりたい

日本毛織株式会社（ニッケ）は制服の素材メーカーとして知られている。学校制服の歴史、モデルチェンジ、制服メーカーの取り組みなどについて、各種資料を発表している。ニッケは学校制服の歴史をまとめている（図表8）。これをもとに同社の制服販売担当者から話を聞いた。

「1960年代の高度経済成長期からの新設校の設置に合わせて新しいデザインの制服が増えました。このとき、男子は戦前の教育の象徴とされた詰襟ではなく、ブレザーを採用する学校が増えました」

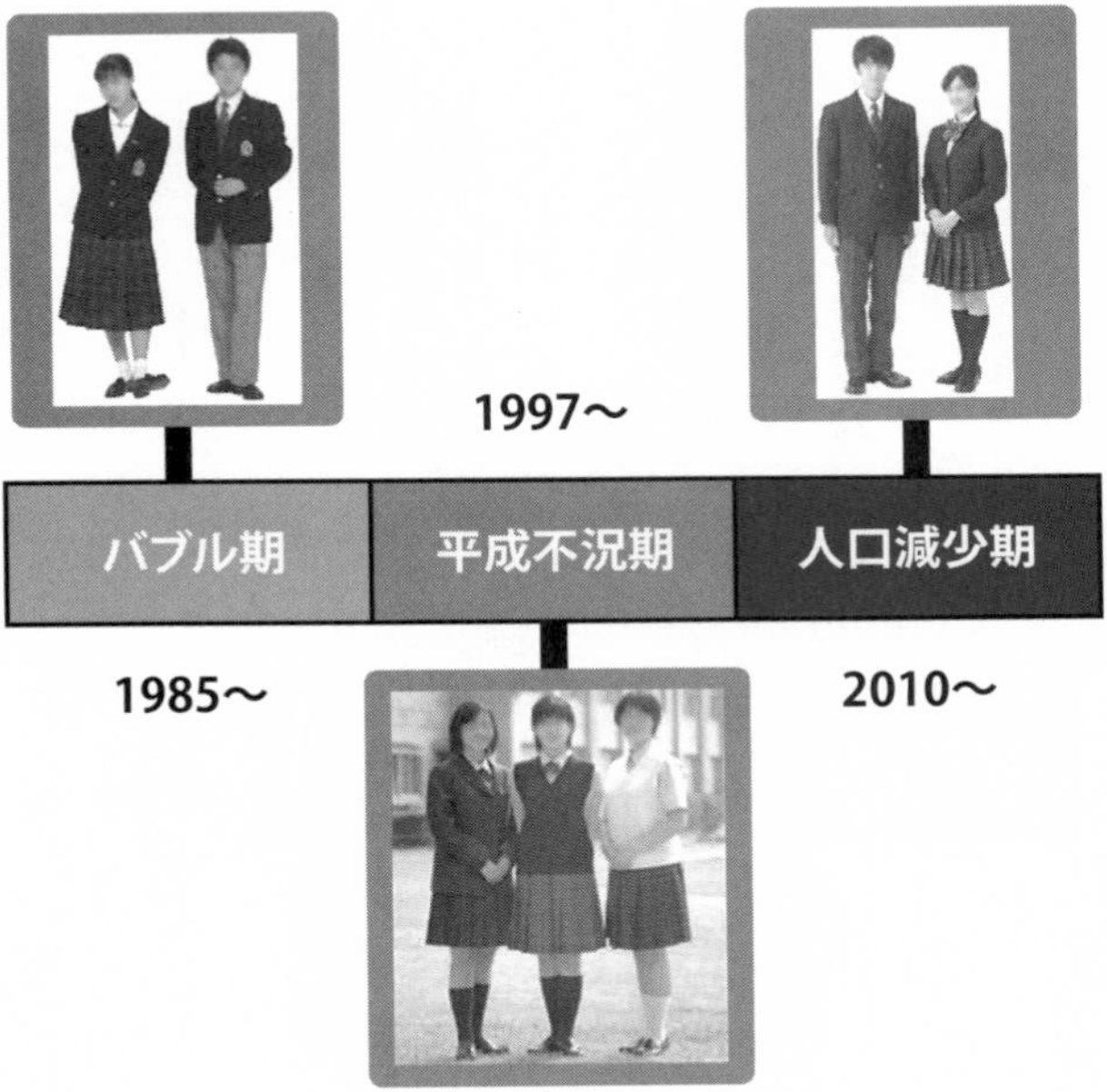

この間、高校闘争が起こり生徒から制服は管理の象徴とみなされ自由化要求が起こる。これを受け入れて自由化したところもあれば、しばらくして詰襟からブレザーに変えたところもあった。女子はどうだっただろうか。

「私学のミッション系の学校など伝統校はセーラー服が多く見られました。一方、新設校はブレザースタイルが

図表8　学校制服の歴史

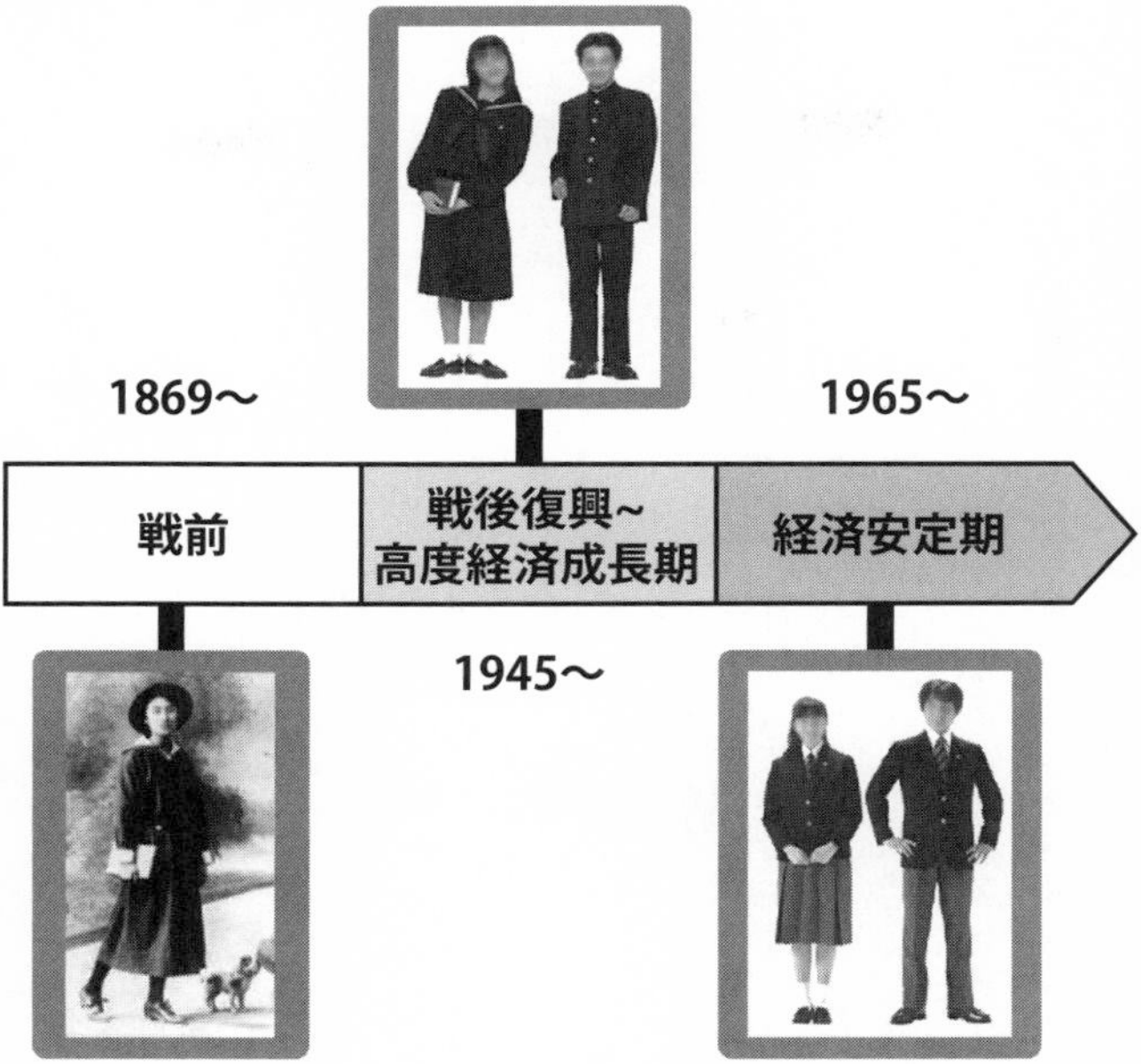

出典：「2019 NIKKE SCHOOL UNIFORM DIVISION」をもとに作成

多かった。1980年代半ばチェック柄のスカートが採用され、その後爆発的に広がりました。DCブランドの制服が台頭するのもこの頃で、制服はよりファッショナブルになります。SI（スクールアイデンティティー）の拡がりと共に制服のデザインも多様化していきますが、この背景にはバブル経済の影響があったと考えられます」

制服モデルチェンジの勢いは、1990年代前半まで続いたという。ニッケの調査によれば、ピークは1992年の414校だった。それ以降、少しずつ減っていく。バブルの崩壊も影響したようだ。一方、学校によってモデルチェンジの考え方にはいくらか差がある。

「伝統校、地域のトップ校は制服を変える、という流れになかなかなりません。OBOGの影響が大きく、モデルチェンジの了解が得られない伝統校もあります」

制服の素材も移り変わっている。ニッケの製品を中心にふり返ろう。1950年代、当時の政策により制服に合成繊維の使用が奨励され、後半に東レ、帝人がポリエステル繊維「テトロン」を発表、1960年代に入りウール・ポリエステル混紡の素材が普及した。1970年代前半、「高校制服の廃止・自由化対策のブレザー型学生服」として、ニッケは「ニッケウールヤングスター」を発表し、制服素材メーカーとしての意地を見せた。70年代後半になると家庭で洗濯できるウォッシャブル制服や撥水加工などの機能素材が生まれる。

1980年代にはサキソニー（上質なメリノウールを使用した手触りの滑らかなツイード調の生地）など新しい素材が研究開発され、感性重視型の制服が追求された。1990年代ナノ加工が注目される。V-CAT（光触媒による消臭）、形状記憶素材なども生まれた。

2000年以降、高機能・環境配慮型制服の導入が進む。自己実現、価値観の多様化に対応し、ウール高混率ウォッシャブルの制服が誕生した。ニッケは特殊紡績技術を導入し、毛羽立ちが少なく美しい目風のウール素材「コンパットラナ」やメリノウールの優しい肌触りと洗濯耐久性を自然に両立させた「ニッケNagaragawa」などを送り出している。

「最近は、家庭で洗濯できるイージーケア性、そして着心地が重視されています。汚れを落ちやすくするような素材や高耐久の撥水性を持つ素材、優れた回復性を持つ素材をウールが持っている本来の機能を生かして開発。3年間毎日着てもへたらず、やわらかいという着心地を高めるために、制服素材も変化しています」

高校生の制服観についてはどうだろうか。

図表9　大手アパレルのブランド展開

	瀧本	明石スクールユニフォームカンパニー	トンボ	菅公学生服
平成初期	ヒロコ コシノ	ハナエモリ スクール ジェンヌ	ヒロミチ ナカノ カンサイ スクール フォーム	ジュンコ コシノ キャンパス O'CREATION
平成中期	ベネトン	T・H・D LA MAISON	オリーブ・デ・オリーブ スクール コム・サ・デ・モード スクールレーベル	エル スコール ミッシェル クラン スコレール
平成後期	カンゴール スクール ユニフォーム	O.C.S.D.	イーストボーイ	アースミュージック&エコロジー カンコーレーベル ビームス スクール product by KANKO

出典：「2019 NIKKE SCHOOL UNIFORM DIVISION」をもとに作成

「1970年代から80年代に見られた詰襟の変形や着崩しなどは、いまはあまり見られません。制服の着こなし方が変わってきたのでしょう。一方で、制服をネガティブに見ることなく、かわいいものはどこへでも着て出かけるようになり、制服とファッションが一体になったと言えます。制服姿でディズニーランドへ行き、そこで写真をとりたいと思う女子が増えていることなど、青春の象徴として制服が位置付けられていることの表れでしょう」

なるほど、「制服とファッションが一体になった」ことによって、かわいい制服が増えている。その背景には、制服メーカーがブランド展開に力を入れてきたことがある。平成の30年間（1989〜2019年）、制服メーカーは著名なデザイナー、服飾メーカーと提携を結び、ファッション性が高い制服を世に送り出してきた（図表9）。

企業のように学校制服の貸与は現実的ではない

最近の制服モデルチェンジの背景について、京都の老舗、制服販売専門店、村田堂をたずねた。村田堂は1877（明治10）年に京都発の洋服店としてスタートし、1889（明治22年）から学生服の製造販売をしてきた。

最近では、京都市立京都工学院高校の新しい制服を担当している（60ページ参照）。同社取締役の長屋博久氏に話を聞いた。

「近年の制服のモデルチェンジのきっかけとしては、学校統合、共学化、新学科設立、周年行事、ジェンダー対応などがあります。学校を変える、制服はそのシンボルになるという考え方ですが、ただ、制服を変えるというだけではだめです。あくまでもシンボルですのでこの機にしっかりした教育改革をするケースが多いです」

学校にすれば、生徒をどうやって集めるか、制服モデルチェンジによって学校はどう変わっていくか、地域社会へのアピールにつながる、などの思惑があるというわけだ。

京都には最近まで制服を自由化した府立高校がいくつかあった。だが、自由化を続けていれば、いつまでたっても良い教育は行えないと、高校は考えるようになった。2019年、府立朱雀高校に制服が導入されたことで、府立高校で制服自由の学校はなくなった

（公立高校では京都市立紫野高校、市立銅駝《どうだ》美術工芸高校が制服自由）。

「校則の一環としてこの学校に入学したならばこの制服を着る、ということで、学校イコール制服という考え方です。生徒、保護者にとっては、個人での差が出ないこと、一体感を生むこと、公私のけじめをつける、3年間通すと経済的である、毎日着る服を考える必要が無く勉強に集中できるということ等メリットもありますが、毎日、通学に適した服を選ぶという習慣が無くなることにより、いろいろなものを考えるときに視野が狭くなるかな、という気もしており、また近年では個性や多様性を重視することもあり制服が絶対にいいとは思っていません。制服販売会社の私が言うのもおかしいですけど」

着る服装の選択肢が狭まることで、自分で考えて選ぶという自主性が身につかないのではと懸念している。制服に対して、教師、生徒、保護者がみな同じような捉え方をしているわけではない。長屋氏はこう分析する。

「教師にすれば服装指導がすこしでも手間が省けるのは大きく、生徒の一体感、帰属意識を高め、学校のシンボル、教育改革の目玉としてアピールできます。生徒は通学用の服を選ぶ必要がなく楽、かわいいという思いがあるでしょう。保護者からみると制服は耐久性がありメンテナンスも楽、また余計な服を買わなくてもいい、ということです」

学校にすれば生活指導が軽減されるのは助かる。だからといって何も指導しなくて済むというわけではない。ネクタイの結び目をくずす、スカート丈を短くする、ズボンをだらしなくはくなどの着こなし方の問題が出てくる。学校はこれらを注意してもなかなか効果がない。村田堂では、生徒向けに服育講座を行っている。一般社会では制服姿はこんなふうに見られているという話から始まる。制服を売るだけが仕事ではない、どのように着るかを教える、いうなれば、学校教育に関与することになる。

「たとえば、生徒の中ではスカートは短いほうがかわいいとされる。けれど制服デザインのバランスが崩れます。盗撮される危険が高まること、自分の身は自分で守りなさい、という話もします。また、制服にさまざまなバリエーションがあり、どういう組み合わせがいいかわからない。そこで、着こなし方、メンテナンスの方法などを伝えています。制服は教材であり、学校教育の一環です。一方で制服は文化です。時代とともに役割は変化し、学校、制服メーカーはそれに対応しなければなりません」

制服は企業が社員に貸与するように、学校が生徒に貸与するというシステムはなじまないのだろうか。保安上、宅配業者が配送員のユニフォーム、航空会社がキャビンアテンダントの制服を貸与するように。長屋氏に教えを乞うた。

「わたしも調べたことがありますが、むずかしいですね。中学生、高校生は3年間でずいぶん成長しますが、人それぞれです。制服の着こなしも方も違い消耗度にかなり差が出ます。制服が傷んだからといってすぐに交換できるものではない。なによりも制服は「お祝い品」としての考え方もあり、新入生は真新しいものを着ることを好まれる。一部の人だけに古いものを渡すわけにはいかないでしょう。全寮制で特定の私学ならば貸与は可能かもしれませんが、現実的には難しいと思います」

1980年までの男子の詰襟、女子のブレザーは汎用性があった。校章、バッジを付け替えれば、どの学校でも使えた。いまは一校一校、オリジナルの制服が多く、兄弟や一部知人同士の譲り渡しはあるが広く使いまわすことは難しくなっている。

「バブル期以降、制服のデザインは洗練され、その学校の独自性が強調されました。ただ、最近、ある市の公立中学では、すべての学校の制服が同じデザインのブレザーで、胸のエンブレムを変えればどの学校でも使えるという方式になりました。市で統一した制服を作ったわけです。しかしこの方法も、義務教育ではなく、より学校の独自性をPRしていかないといけない高校では難しい。また、高校生になると生徒さんも制服を見て進学する高校を決められるケースもありますから」

第6章

制服の思想

制服の進化、制服による管理

制服の役割が進化していく。多様化といってもいい。

デザインは洗練され、「かわいい」と喜ばれる。アイドルグループのコスチュームみたいで着ているだけで楽しい。

制服にGPS機能が備えられ安心、安全が追求される。トランスミッターを付ければ健康状態をチェックできる。便利だ。

年配の方であれば、思い出してほしい。制服はえらく不便なものだったはずだ。1970年代までの男子詰襟と女子ブレザーまたはセーラー服は身体との親和性が高いとは言えなかった。つまりムリヤリ着こなさなくてはならず、機能性がたいそう悪かった。詰襟を着たまま小走りするだけでも息が苦しくなる。応援団の練習風景が苦行に見えるのはもっともなことだ。女子ブレザー、またセーラー服も屈伸しただけで締め付けられ痛みが走る。

こんな制服を強いるのは、学校側が高校生を縛り付けるためと受け止められても仕方がない。制服を着るのは苦しい。それは肉体的なしんどさとともに、精神的なつらさを伴うものだ。

着心地の悪さに制服メーカーは対応してくれた。服の素材がユーザー向けに改良されていく。軽量さ、伸縮性、通気性などが追求された。だが、居心地はまだ悪くなかなか改善されない。制服着用は頭髪規制とワンセットとなって、拘束としか思えないような校則で縛っていく。高校生にそう受け止められた時代があった。初めは我慢していたが、やがて疑問を抱くようになる。それが1960年代後半のことだ。

この時代、高校生が社会と向き合ってベトナム戦争反対、時の自民党政権打倒を訴えるようになったとき、学校は校則を持ち出し、集会参加など政治活動を禁止事項として言い渡そうとする。そこで、高校生は自分を縛り付けているものが何かに気付く。まだ高校生だからおとなしくしていなさい、という説教には素直に従えなくなる。造反だ。そして、学校が強いること、枠にはめようとすること、そのもっともわかりやすいルールが制服着用ではないかと考える。

ここから制服は管理、統率、抑圧の象徴だという結論に達する。それが、第3章で詳解した制服自由化を求める運動の理論的支柱となった。

制服メーカーからすれば想定外だったはずだ。自由化が全国に広がれば商売あがったりどころではない。廃業の危機をむかえかねない。だからといって、制服メーカーが「詰襟やセーラー服はすばらしい」という制服擁護論をはろうものならば、いちばんのユーザーである高校生を敵にまわすしかない。ここは、高校生の政治活動という嵐がおさまるのを待つしかなかった。

制服を変形し長ランやボンタンで権勢を誇り、恐怖心を与える

１９７０年代前半、嵐は案外はやく収まった。制服自由化は北海道、東京、長野では「普及」したが、その他の地域では広まらなかった。たまたまなのか、制服メーカーが集中する岡山など中国、四国、九州、沖縄地方ではまったくといっていいほど、私服で通学する高校生は見かけなかった。

１９７０年代半ばから後半、制服自由化を訴える高校生が姿を消す代わりに、制服着用というルールは受け入れるがルールにのっとったお定まりの制服では満足できない層が現れた。長ラン、中ラン、ボンタン、ドカンなどをまとった「ツッパリ」「ヤンキー」と称された不良たちである。彼らは制服を最大限に利用して権勢を誇ろうとした。制服メーカーは変形制服と呼んでいたが、長ラン、ボンタン姿は恐怖心を与える武器となった。まず、変形制服にする。そして、ケンカに勝つ、悪さをすることによって、自分たちの縄張りを広げて、いくつかの学校、コミュニティを支配する。こうなると漫画の世界だが、それに近いようなことはあった。当時の報道を紹介しよう（いずれも朝日新聞。校名はＡＢにした）。

「女子高学園祭でにらみ合い　Ａ高校　Ｂ高校」（１９７３年9月23日）
「Ａ高校生とＢ高校生乱闘　小田急線新宿駅ホーム」（１９７４年1月27日）
「Ａ高校生ら乱闘　渋谷など　２校生徒の仕返しで」（１９７４年４月25日）
「脱線修学旅行　仙台Ａ高校Ｂ高校と乱闘」（１９７４年9月11日）
「修学旅行の高校生乱闘　京都」（１９７６年10月20日）
「修学旅行の宿襲撃　千葉の高校生　けんか相手の仕返し」（１９７８年10月16日）
「Ａ高校生を襲い殴る。千葉の私立高校生40人」（１９７８年11月1日）

筆者は高校入学が１９７６年、卒業が79年、このさなかで高校生活を送っていた。しかもケンカが強い学校にいたので、乱闘現場をしばしば目撃している。ケンカそのものよりも、相手をビビらせるほどこわい制服が印象に残っている。

さすがに学校は手を焼いた。1980年代に入って、ケンカが強いと言われた学校が次々と詰襟からブレザーに変わっていく。ケンカ学校とは思われたくない。威嚇性を発揮する、制服の思想が学校を振り回していく。

自由化を叫ぶくらいの元気な子が出てきたら大喜びです

1970年代は、「スケバン」と呼ばれた女子高校生たちもいた。スカート丈を長くしたセーラー服の出《い》で立《た》ちで。彼女たちも「ケンカ上等」の世界にいた。もう一つ。1970年代の報道を読むと「女子高生売春」ということばが出てくる。1980年代にセーラー服からブレザーにモデルチェンジした学校経営者がこんな話をしてくれた。

「1970年代、うちの生徒が売春で捕まったことがある。当時、週刊誌で女子高校生の売春記事はイメージ写真、コラージュが必ずセーラー服でした。たまらなかった。セーラー服は清楚《せいそ》な乙女の象徴だったのが売春をイメージさせるものになった。ブレザーに変えた理由はここにあります」

ポルノ映画のタイトルに「セーラー服」が使われ、実際、映画のなかで売春する女子高校生がセーラー服を着ている、ということもあった。

なるほど、詰襟とセーラー服に対して、負のイメージを抱え込んだ学校もあったわけだ。それに代わるブレザーのほうが知的に見える、という幻想が、1950年代から脈々と続いていたのは、第2章で紹介した教師の声「進学校を中心に背広型に転換していった」（静岡県立沼津東高校）、「文化程度の高い都市ほどセーラー服よりもスーツが多い」（愛知県立岡崎高校）からも知ることはできる。

1970年代後半、80年代は人口が多い団塊ジュニアが高校生になるため、各地で公立高校新設ラッシュが続いた。しかし、制服自由でスタートした学校がほとんど見当たらなかった。

1978年、7つの都立高校が開校した。このうち都立蒲田高校の校長はこう話している。

「服装の自由化は、生徒や先生の質がよほどよくないとむずかしいですね。自覚のきちんとした子は何を着ても大丈夫だが、意識の低い子もいますから。人間、モーニング着

れば変なところには行かないものです」（朝日新聞1978年4月17日）

都立八王子北高校の校長の言も趣旨は近い。

「新設高校には、クラスのイニシアチブをとってなにかを動かそうというような子はなかなか来てくれません。自由化を叫ぶくらいの元気な子がわが校にも出てきたら、こちらとしては大喜びですよ」（同前）

勉強ができるご褒美が私服、勉強できない罰が制服なのか

それでは、「生徒や先生の質がよほどよくないと」「自由化を叫ぶくらいの元気がある」の必要条件は何か。頭の良さ、成績優秀、実行力、指導力などだろう。制服自由化の必要性を理路整然と説明できる。教員と論争しても負けない知識と教養、論理展開、表現力を兼ね備えている。そんなスーパー高校生がたくさんいるエリート集団はどこか。札幌南、秋田、仙台一、仙台二、筑附、筑駒、国立、西、戸山、麻布、武蔵、女子学院、桐朋、長野、松本深志、旭丘、甲陽学院、灘、修道は、1960年代後半〜1970年代前半の高

校闘争で制服自由化を勝ちとった学校なので、この必要条件にしっかりあてはまる。

こんな見方もできる。制服自由化という権利を得られるのはエリート集団に限る。私服で通学できるのは灘、筑駒、麻布などの「特権階級」だけ、ということだ。ウラを返せば、成績も実行力も指導力もパッとしない学校が制服自由という恩恵を受ける資格はない。

もっとあからさまに言えば、勉強ができるヤツじゃねえと私服を着ちゃいけねえんだ。私服で通いたかったらうんと勉強してこい、ということである。そこには、生徒への不信感がある。勉強ができず不良っぽいヤツは制服を着させて管理しなければならない。ほったらかすとあいつら何を着てくるかわからない。それゆえ、非進学校では厳しい校則を課して生徒を管理、統制しないと秩序が保たれない、という考え方だ。管理教育の源泉である。

その点、勉強できるヤツは自分を律することができる。多少はハメを外すだろうが、バカなことはしない。麻布、筑駒、灘の文化祭でハチャメチャなことをする生徒を想起させる。バカなことはしているようだが、自分の身を滅ぼすような逸脱はしない。たとえば犯罪行為である。だから、進学校は自由放任でも大丈夫という神話が生まれる。

自分を律することはできるかを知るために、勉強ができる子、勉強が苦手な子がその判断材料となり、生徒管理上、制服自由化、制服着用の分岐点になる。都立高校校長経験者が話す。

「西高、国立高校が私服でも問題を起こさないのは勉強ができて自分を律することができるから。勉強ができない都立高の生徒は制服を着させなければダメだ。新設校は学力が高い生徒はなかなか集まらない。はじめのうちは校則を厳しくして徹底的に勉強させる。制服をしっかり着させる。そのうち進学実績で成果が出たら、校則を緩める。進学校化の過程で校則違反者が少なくなるからだ。それでかなりの進学校になったら、校則を相当緩いものにして制服自由化を認めていい。要は生徒の質で制服が規定されるわけです。ホンネを言うと」

こうした考え方に合理性はあるだろうか。ほんとうに妥当なのだろうか。筆者は疑問を覚える。いかなる学校においても生徒に「信頼をおけるかどうか」という発想のもと、勉強の出来不出来で制服を決定することに、筆者は同意しない。

それは筆者の経験によるものでもある。ケンカが強く勉強が苦手な生徒が集まった学校で筆者は、私服で通う進学校の生徒に猛烈なコンプレックスを感じ、制服姿である自分が恥ずかしくイヤでたまらなかった。勉強ができるご褒美が私服であり、勉強ができない罰が制服だったのか。勉強の不出来を制服につなげられるのは、とてもつらかった。制服と学力に因果関係を持たせてはいけない。制服の思想は学力とのかねあいで筆者を悩ませた。

麻布、女子学院と開成、桜蔭は制服で入学者層が定義される

もっとも、この場合、制服そのものではなく、校章を付けた制服に嫌悪を感じるものといえよう。校章さえ外せば、遠目ではどの学校に通っているか、わからない。もっとも、からだを近づければ上着の校名、校章入りのボタンがバレて、どこの学校かわかってしまう。ところが、モデルチェンジによって一校一制服となった時代では、その学校オリジナルな制服でかっこいい、かわいければいい。とてもださかったらプライドの高い高校生にすれば、「自分はこんなださい制服を着ているなんて」と、コンプレックスに苛まれてしまうだろう。

それゆえ、モデルチェンジによって制服が「かわいい」になるほど、プライドばっかり高い自己愛が消えて、うまくいけばそれが学校愛に変わってしまう効用がある。制服モデルチェンジに成功した学校経営者は、「自分の学校を好きになってほしいから」とよく話

す。おそらく、第2、第3志望で入った不本意入学者のモチベーションを上げるためには、紺のブレザー、タータンチェックのスカートがいちばんの特効薬なのかもしれない。

では、制服がある進学校、開成、桜蔭、豊島岡女子学園、聖光学院、栄光学園、洛星、洛南、大阪星光学院、四天王寺はどうなのか。これはわかりやすい。「あこがれの制服」なのだから。ただ、以前に比べると、学校は好きだけど制服はいまいちという評価が増えたという。これは学校関係者からの話で、他校の制服はかっこよく、「かわいい」と思えるからだそうだ。とくに女子の場合はファッション性に乏しいと愛着心は持てず、他校の「かわいい」制服がうらやましい、ということだ。その学校が難易度的に「格下」であったとしても。なるほど、制服の効用はあなどれない。

一方、進学校レベルで制服自由校と制服着用校に違いは見出せるか。これは学校のカラーと関わってくる話だ。中学受験生の男子が麻布と開成、女子が桜蔭と女子学院の文化祭を見学すると、わかりやすい構図が生まれる。麻布でまっ金金の髪で奇抜なかっこうで騒いでいる生徒を「かっこいい」ととるか、「ふざけてる」と受け止めるか。開成ではまじめに制服を着こなし誠実に受け答えする生徒を「尊敬する」か、「つまらない」と思うか。どちらが自分の性に合うか、で学校を選ぶ。つまり、麻布っぽい感性の人が制服はいらねえと思って麻布に入り、開成に近い感性の人が制服は必須と信じ開成に進む。校風が麻布に近い女子学院、開成に近い桜蔭も同じことが言える。小学生の女の子は、女子学院の大人びた私服の高校生に惹かれるか。桜蔭の規律正しい仕草や堅実そうな制服に憧れるか。

なるほど、制服は学校選びで案外、大きな要素になってくる。文化祭で類は友を呼ぶ現象が起こり、学校の伝統は継承されていく。制服の思想は伝統の継承に大きく寄与する。

制服復活で「服装の乱れは心の乱れ」が再評価か

1990年代、2000年代になると、詰襟とセーラー服はどんどんブレザーに移行する。不良ファッションは腰パン、ミニスカートとルーズソックスが主流となる（「不良」という言い方も合わなくなってきた）。「ブルセラ」「コギャル」「援助交際（援交）」で語られた女子高生ブームが起こったころだ。腰パンとはズボン・パンツを低い位置まで下ろしてはくスタイルだ。2010年、冬季オリンピックバンクーバー大会のスノーボード・ハーフパイプ日本代表の國母和宏の腰パン姿を思い出してほしい（そのころはすでに時代遅れ感もある）。腰パンスタイルの「チーマー」による喝上《かつあ》げ、「ホームレス狩り」と称して傷害事件も起こっている。「援交」「ブルセラ」には、「なんちゃって制服」も入ってくる。制服が金を引き出した。制服モデルチェンジによる女子高生総「かわいい」化でミニスカートとルーズソックスは犯罪を招き入れるのではないかと学校の生活指導担当教師を悩ませた。

「服装の乱れは心の乱れ」というフレーズは神話ではなく教訓として、1970年代の長ランとボンタンとロングスカートの時代から、この時代まで生き続けている。ロングスカートが一転ミニになっても教師はモノサシ片手に生活指導に励む。このあたり、制服をめぐる生徒VS教師の攻防という構図は続いていた。新制高校誕生から数えると半世紀以上である。

だが、2000年代後半になると、生徒が制服で造反をアピールする姿が次第に見られなくなっていく。親や先生の言うことを良く聞く高校生が増えたからだ。

このころ、都立高校では長年の制服自由から転換する動きがあった。

2005年に都立文京高校、2006年には都立墨田川高校で制服復活をした。このときの様子がこう報じられている。

「墨田川高校（墨田区）。大沢紘一校長は「学校の印象は生徒の身なりで決まってしまう」と言い切る。教職員や在校生は「自主・自立を重んじる校風に反する」と反対したが、大沢校長が「学校見学に来た中学生は、感想に「先輩がこわい」と書いていた。地元の評判も悪い。これでは実力ある生徒が集まらない」と押し切った。（略）「自己管理ができる生徒が少なくなったのに、学校がそれに目をつぶっていた」と大沢校長。（略）

文京高校（豊島区）では、昨年度から制服を導入。03年度に1・28倍だった受験倍率は今春、1・7倍になった。毎朝、教師が校門に立ち、服装や髪型、遅刻をチェック。何度注意しても改まらなければ保護者を学校に呼ぶ。同校1年の安堂里奈さん（15）は「ブレザーの制服が好きで文京高校を選んだ。規則が緩い学校には怖い人がいそうで、いや。それに厳しく言われないと、つい遅刻しちゃうし」と言う」（朝日新聞2006年8月19日夕刊）

この記事からは、制服を取り巻く教育環境の変化が読みとれる。墨田川高校の「身なり」で学校の印象が決まるという考えは、「服装の乱れは心の乱れ」が前提となる。これが学校運営上、普通に使われるようになった。「自己管理ができる生徒が少ない」ことを憂えルールで縛ろうとするが、これは前述したように、できない子への厳しいしつけにつながる。

文京高校生徒の「厳しく言われないと、つい遅刻しちゃう」という発言からは、管理を求める深層心理がうかがえる。今日、「今の子は管理されたがっている」「ルールがないと何もできない」と巷間言われる話につながる。だいたい、校門で服装や髪型チェックで保護者呼び出しとは、管理の最たるものだ。制服導入にこんなオマケまで付いてくるのか。教育現場でこうした状況が疑問も抱かれず受け入れられる風潮に筆者は失望する。あまりにも手取り足取り的である。教育機関の理念や目標にありがちな「自主自律を育む」ことにはならない。もっと生徒を信じ、生徒の主体性を尊重すべきではないか。

実際、生徒の主体性を望んだ学校長がいた。京都市立堀川高校は1999年に制服自由をやめて制服を導入する。2003年、校長に荒瀬克己氏が就任する。同校は京都大など難関大学の合格実績を飛躍的に高め、「堀川の奇跡」と称された。荒瀬校長は制服についてこう話している。

「平成11（1999）年の新入生から、それまで私服だったのを制服に切り替えたのですが、私は私服に戻したらいいのではないかと思っています。以前にそう生徒たちに言ったら、「絶対制服ですよ」と返されました。それなら秋田高校のように、制服があって式や対外的な行事では着用するが普段は制服でも私服でもよい、というようにしたらどうかと思いますが、さてどんな返事が返ってくるでしょうか」（同校ウェブサイト　2012年3月17日）

生徒が「絶対制服」を主張する理由は、管理されたほうが楽ということもあろうが、通学＝私服という固定観念から脱しきれなかったとしたら、さびしい。荒瀬氏は私服になったとき、生徒がどのような主体性を発揮するかを知りたかったのだろう。その後、荒瀬氏と生徒のやりとりは不明だが、いま、堀川高校は私服には戻っていない。

生徒の主体性もなにもない。制服を管理の道具という発想でしか見ていない学校がある。制服着用に細かなルールを設け、それに反すると厳しいペナルティーを科していた。大阪府立長吉高校である。

「制服を正しく着用すること（シャツは学校指定のみ着用可、改造、スカートの折り込み等の禁止）。制服を改造した場合は学校預かりの上、新しいものを再度購入してもらいます。（スカートの丈については、採寸時の長さが業者から学校の方に送られてきています。それよりも短い丈の場合、切ったということがわかりますので、学校預かりの上再度購入となります。本校の制服はレインボーカラーの糸で縫製されています）」（同校ウェブサイト）

校則を守らせるために家計を突いてくる。生徒にとっていちばん弱いところだ。脅しと取れなくもない。管理のために罰金をちらつかせるのは、教育機関になじむものではない。「改造」を正す教育を放棄した、制服のブラック校則のように思う。

教育、教育学の観点から制服を考える

ここで制服は教育のなかでどのような意味をもつのか、どのように意義づけられるのか、教育学の研究者に見解をたずねた。彼らは制服着用には懐疑的な立場である。

制服のあり方について、名古屋大の内田良准教授にたずねた。

「みんな同じ服装を着る、それがとてもおしゃれなものであっても、誰もが同じ制服を着るところに違和感があります。多様な生き方が尊重されるべき時代に制服が必要なのか、説明がつきにくいと思います」

家庭環境の問題から制服の有効性が語られることがある。

「制服によって貧富の差が示されない。逆に私服では差が出てきて、いじめという暴力が起こる、という話があります。これは違うでしょう。暴力は暴力として問われなければならず、服装に還元すべきではありません」

地域社会を見渡すと、制服は良かれ悪しかれ目立つ。注目される。学校外においても生徒は監視される対象となる。

「上から下まで整った服装というのは、学校が生徒の指導をしっかり行っていますよ、という外向けのアピールになります。制服が地域社会へのアカウンタビリティ（説明可能性といってもいい）になっています。生徒が制服でコンビニ、カラオケ店でたむろすると地元の人が学校に通報する。そして学校はよりいっそう服装の規定を厳しくしていく。こうして地域社会との共犯関係のなかで学校は、制服をとおして高校生を管理していく。制服のあり方は、学校の中だけではなく、学校の外にある地域社会のまなざしとともに考えなければならない課題です」

指導と制服は切り離して考えるべきではないだろうか。

制服は何のためにあるのかについて、熊本大学の苫野一徳准教授をたずねた。

「哲学的には、相互承認の感度を育むことを土台に、子どもたちを自律した自由な市民として育んでいくことが公教育の本質であり、これに照らすと、制服の意義はあまり見出せません。むしろ逆効果になる場合も少なくない。たとえば、家庭環境の差が示されるから、制服は必要という意見があります。これは、手段と目的が転倒しています。こうした多様性を相互に認め合う感性を育むのが、教育です。なのに多くの学校は違いにフタをし、だれもを同じ枠にいれようとする。制服は多様性をおおい隠しかねません」

制服について生徒が考える機会をもうけるべきだが、学校は導入を実現するために早く先に進めたがる。

「学校は管理し統率し規律を遵守させせることで効率よく運営するところではない。この点からも制服に妥当性があるとは思えません。ただ、制服は絶対にダメというわけではなく、制服を着たい生徒の意思を考えて選択制にしてもいい。みんなが合意すれば制服を残していい。重要なのは、制服について学校の運営方針を、生徒総会などで見直す機会が保証されているかです。自分たちの社会は自分たちで作る。それが私たちの暮らす市民社会です。とすれば、自分たちの学校は自分たちで作る、という機会を十分に保証することが、学校の使命だとも言えます」

残念ながら、制服導入はトップダウンがほとんどである。生徒総会ではかられても、すでに導入決定を前提に話を進めなければならない。まず、こうした体質を変えなければ、制服のあり方を問い続けることはできないだろう。

「かわいい」が管理を駆逐してしまった

制服は生徒管理の象徴。これは1960年代の生徒による制服廃止運動で掲げられたスローガンだった。生徒が管理と受け止めたのは、学校側が規範とする高校生像に強く反発したからである。制服や頭髪といったヴィジュアル面での規制、登下校時に飲食店への立ち寄り制限、男女交際の禁止、アルバイトの禁止など、生徒の生活面での厳しい校則を見直すように求めた。地方都市では、学校から帰宅してからも、買い物に出かけたり友人宅に訪問したりするなど理由のいかんは問わず外出時には、制服着用を義務づける高校もあった。いまでいえば、ブラック校則といっていい。

1970年前後の制服自由化要求では管理が見直されている。自由化が勝ちとられてから入学した高校生は造反することをやめ、学校や社会のありように興味をもたなくなった。1970年前半ばから1980年代前半にかけてのことであり、高校生は三無主義、五無主義（無気力・無関心・無責任。それにプラス無感動、無作法）と批判され、「しらけ」世代とも呼ばれた。

1980年代半ばになると、千葉県、愛知県の一部の高校で厳しい管理教育が行われている。愛知県の県立の新設高校で行われていた集団訓練は軍隊式で教師から罵声がとび、殴られるなど、あまりにも異常だった。校則を少しでも破ったり、試験の成績が悪かったりすると体罰が待っているその行きすぎた教育内容にメディアから何度か批判されたことがある。

ある学校では制服規定についてこう記されている。

「服装は社会に対する心構えのあらわれである。制服は集団のシンボルである」

これは次のように読み解くことができる。制服着用とは、社会に対して自分たち高校生はまじめにきちんと生活している、また自分たちは社会の一員である――ことを自覚させるためだ、「集団のシンボル」については、教師側のロジックであり制服の集団は管理しやすいという発想に裏打ちされる。

新設校は制服自由化を好まない傾向がある。

1972年開校の北海道札幌北陵高校は、周辺の札幌南や札幌西などの制服自由化の流れが及ばないように厳しい指導が行われていた。学校史の開学当初の記述である。

「本校の開校当時は、学園紛争こそ下火になったとはいえ、服装自由化を中心とする諸要求闘争が相次いでいた。新設校として制服問題に如何に対処するかは大きな課題であった。新しい学校づくりは、全校生徒の一致協力の形で進められなければならない。集団の一員として帰属意識を常に保たせるための制服の効用は見逃すことはできない。さりとて、遠からぬ将来自由化問題が起きるようでも困る。若人らしく、機能的で生徒が好んで着用できる制服をということで、男子はマリンブルーのブレザーにグレーのズボン、ワイシャツにワインカラーのネクタイを制服とし（略）」（同校ウェブサイトの沿革）。

だが、1980年代後半以降、制服モデルチェンジが広がるなかで、管理という考え方が薄れていくように思えた。生徒側にこと制服については管理されているという意識がほとんどないからだ。学校は制服を変えるとき、少なくとも生徒目線に立っていた。「生徒が着たい」デザインを優先させたのである。そのためにファッションショー、人気投票などを行っている。1970年代までは多くの学校で制服デザインはトップダウンで示されていた。生徒が制服を選ぶという考え方は、1950年前後、新制高校が誕生したころに少なからず見られたが、それ以降、生徒会から部分的な修正要望に応じることはあるものの、制服モデルチェンジで生徒の意見を採り入れるという発想があまりなかった。

ところが、少子化への対応あるいは進学実績を高めて「名門校」に生まれ変わるためには、生徒に選ばれる学校づくりが必要となり、そこでは、生徒に選ばれる制服を意識せざるを得なくなった。どんな制服か。俗っぽい言葉でしか言い表せないが、かわいい、かっこいいデザインである。第1章の制服モデルチェンジで紹介した学校が、それを象徴的に物語っている。

「生徒は自分たちがかわいい服を着ることに誇りを持ち、学校を好きになっていきます」

（品川女子学院　27ページ）

「入学した女子にアンケートをとったところ制服がかわいいと、とても評判が良かった」

（北海高校　42ページ）

ここでは管理されているという受け止め方は希薄であり、かわいいものを着ているという意識が強い。教師からすれば、かわいい制服を嬉しそうに着ている生徒に学校が好きだと言われれば、厳しく管理しているという感覚はなくなるだろう。

制服の思想において、かわいいという生徒の感受性が、指導という名の管理を駆逐してしまった瞬間だ。

AO、推薦入試の増加で優等生が多くなり、ミニ、腰パンは減少した？

制服はかわいく、かっこよくなったことで、学校で管理教育は見られなくなったかといえばそんなことはない。制服モデルチェンジしてからは、それを厳しく守らせるようにする。「うちの生徒は制服が好きでこの学校を選んだ」と受け止める学校のなかには、かわいい制服なのだからそれに従いなさいと言わんとばかりに、変形させたら口うるさく指導する、スカート丈は毎日しっかり点検する、少し前ならば腰パンに近いかっこうをすれば着替えさせる、など厳しく管理するところは少なくなかった。学校から腰パン、ミニスカートを追放するためである。「服装の乱れは心の乱れ」神話は、学校にとってはまだまだ有効に作用した。制服メーカーには変形できない、スカートを短くできない素材、デザインを求める声はずいぶん届いている。だいたい１９９０年代から２０００年代のことである。

ところが、２０１０年代に入ってから、制服の着こなしに少しずつ変化が見えてきた。街で腰パンや極端なミニスカートなど、制服を着崩している不良、非行少年少女の姿がめっきり減ったのである。新宿、渋谷、池袋を闊歩《かっぽ》するタータンチェックのミニスカート姿に遭遇することが珍しくなった。

たしかに街で着崩しを見なくなった。みんな制服をまじめに着ている。

このことから不良、非行少年少女が少なくなったとは決めつけられないが、多くの高校生に話を聞いてみると、制服変形が減少した理由を次のように整理することができる。

（1）学校や親に反抗する生徒が少なくなった。素直で良い子が増えた。校則は守らなければならないという遵法意識が高い。保護者の子育てが行きとどくようになった。

（2）着崩しすることが流行の最先端とは思わなくなった。制服はこのままでも十分にかわいい、とみる。

（3）経済的に余裕がなくなった。着崩しのための制服変形にかける金がない。勉強、部活動、アルバイトに忙しく、繁華街を着崩した制服姿でうろうろすることはなくなった。

（4）学校推薦型選抜入試（推薦入試）、総合型選抜（ＡＯ入試）対策として着崩しはせず、まじめなかっこうで学校に通う。

管理されることに抵抗がなく、学校の指示には従う、かわいい制服が大好きで、着崩しはださいという見方はそれなりに合理性がある。

ここで注目したいのは、（４）学校推薦型選抜入試（推薦入試）、総合型選抜（ＡＯ入試）対策との因果関係である（以下、「学校推薦型＋総合型」）。

最近、学校推薦型＋総合型の入試入学者の比率が高まっている。２０００年33・１％、08年43・４％、17年44・３％だ。大学別で２００７年と２０１７年を比べると、早稲田大は33・９％から、39・５％、慶應義塾大は14・９％から18・７％に増えている。青山学院大、学習院大、上智大、立教大は４割を超えている

これは国の政策が反映されている。文科省のことばを借りるならば、「入学者選抜において受験生の資質や能力などを多面的、総合的に評価する」ことが推し進められた。そのために、主に学力試験などによる一般入試主体から、「調査書や多様な能力、適性、意欲など」をていねいに評価するという「学校推薦型＋総合型」に舵を切りつつあった。

これが制服の着こなし方に影響を与えている。

「学校推薦型＋総合型」による入試に受かるためには、「多面的、総合的な評価」に耐えうるため、高校生活をまじめに送らなければならない。学校から推薦してもらえるように

いつも校則をちゃんと守る、もちろん、制服はきちんと着こなしミニスカートなど変形はもってのほかだと、生徒は考えるようになった。教師からそう指導されたわけではない。大学に入る近道は優等生になること。そのために生徒が積極的に管理されるようになった、と言える。大学進学率（四年制）が高まり、これまでに大学に進まなかった層が大学で学ぶという背景もあった。大学進学率の推移は、1990年24・5％、2000年39・7％、2010年50・9％、2019年54・6％となっている。

これらをすこし整理してみよう。

社会構造が変化するなか、大学進学率が高まった。一方で少子化が進み、大学は優秀な生徒を確実に受け入れたい。そのためには一般入試ではなく「学校推薦型＋総合型」が効果的であり、実際のこの入試方式が早慶MARCH関関同立など大規模大学で増えた。「学校推薦型＋総合型」に受かるためには校則を守らなければならず、制服はきちんと着こなし変形させてはいけない——これが入試制度の変化が制服の着こなし方に与えた影響である。街にヴィジュアル的な不良、非行少年少女を見かけなくなった一つの要因でもあろう。制服の思想に大学入試が入りこんでしまったわけだ。

デモと制服

制服については、2010年代半ば、興味深い現象を見ることができた。学校からすれば、制服の思想の根源には、高校生という存在を示すもの、高校生らしさを表現するものという考え方がある。それを逆手にとった高校生がいた。制服を着てのデモ参加によって、高校生が訴えていることを強調したのである。

2015年、安保関連法案反対運動が盛り上がるなか、国会前には大学生、高校生が集まっていた。SEALDs（=Students Emergency Action for Liberal Democracy-s 自由と民主主義のための学生緊急行動）という大学生グループ、そして、T-ns SOWL（Teens Stand up to Oppose War Law=ティーンズ ソウル）という高校生グループである。

同年8月、T-ns SOWL主催の「安保法案に反対する高校生渋谷デモ」が行われた。SNSでデモ参加を呼びかける際、制服デモと謳っている。

「明日高校生渋谷デモです！ 制服きた高校生始め大人まで、15：30 代々木公園けやき並木南側に来ちゃいましょう。このTweetみて行くの迷ってるあなたの声が必要です。お待ちしています。 #teensSOWL #制服デモ pic.twitter. com/」

「高校生主催ですが参加条件などは一切ありません。各自の判断で大丈夫ですが、高校生の制服参加お待ちしています」

学校にとってはありがたくない話である。どの学校かがわかる制服をきた生徒が安倍政権の政策に反対するデモを行っている。「おたくの学校はどんな教育をやっているのか」「左翼なのか」と抗議されかねない。奇《く》しくも、２０１５年、高校生の政治活動は校外であれば認められるようになった。学校は生徒にデモ参加をダメとは言いにくい（もっとも、政治活動は校外であっても全面的に禁止する学校はあり、退学など処分の対象としている。高校生であっても言論、表現の自由は尊重されるべきで、これはおかしな話ではある）。

東京都内のある私立高校ではデモ参加の生徒に「制服でデモをすることだけはやめてほしい」と言い渡している。

制服とデモに親和性があるのだろうか。歴史をふり返ろう。

１９６０年、安保条約反対闘争で高校生がデモに参加しているが、ほとんどが制服姿だ。このころはまだ、戦後の貧しさが残っており、制服を普段着のように着ている高校生は少なくなかった。同年6月17日、長野県松本深志高校では制服姿の生徒１２００人「民主主義を守れ」などのプラカードを手にデモを行っている。デモ隊は同校正門から出発して松本市内をまわった。デモに参加するにあたって制服か、私服かという意識はなかっただろう。だが、高校生がデモを行っているというのは一目瞭然である。高校生まで政権に異を唱えているのか、と見る者を驚かせる。高校生という存在感を知らしめる効果は大きい。

1969〜70年、全共闘運動の時代、闘争が激しかった都立日比谷高校、青山高校、私立の麻布高校などで高校単独のデモが行われている。学校の体制に抗議するスローガン(試験制度反対、政治活動の自由、理事長退陣)などを掲げており、平日のデモならば制服が多く、休日であればほとんど私服だった。もっとも、このころ、闘争中のたいていの学校で生徒が制服反対を要求していた。したがって、管理の象徴である制服を着てデモに参加するというのは自己矛盾を来してしまう。ありえない話である。

それから40数年経って、T-ns SOWLの制服デモである。彼らは制服を管理とは意識せず、高校生というアイデンティティーを訴えるために利用した。「制服デモ」と銘打ったのは、社会から注目されるように計算を働かせてのことであろう。いわば確信犯である。

2019年、制服デモは普通に行われるようになった。スウェーデンの高校生グレタ・トゥーンベリが世界各国の政府に気候温暖化対策を求めて活動しており、それが世界中に広がっていたときのことである。日本でもグレタの影響を受けた若い世代が全国各地で気候マーチを行うようになった（彼らは「デモ」とは言わず、「マーチ」と称している）。高校生も参加しており、制服でマーチする姿が見られた。TｰnsSOWLのような「確信犯」ではない。放課後、そのまま塾に通うようにマーチに参加したまでのことだ。ただ、学校としては私服に着替えてほしかったようだ。制服は授業、登下校、行事や課外活動での移動のみで着用されるものであって、いかなるテーマであろうとマーチ参加によって学校が特定されてしまうことを避けたい。それは、学校はあくまでも政治的中立を守りたいからで、それゆえ、学校が気候温暖化対策を訴えているというメッセージを発信した、とは受け止められたくないからだ。

ところが、それも結構、という学校があった。気候マーチが一つの高校でまるごと行われたケースがある。学校が公認、それどころか応援したのである。

2019年10月、静岡県浜松市にある私立の浜松開誠館中学校・高校の生徒400人が制服姿で気候マーチを行った。教員が付き添い、生徒会長が先頭に立った学校をあげてのマーチだ。浜松市内を制服で歩くことによって、学校全体が気候問題に取り組む姿勢を地域社会に広く伝えたかったのである。ここまでくると制服は管理かおしゃれか、制服自由は個性尊重かといった、制服論議として語られる次元ではない。制服が学校、教師、生徒の一体化の象徴として絶対的な存在感を示すようになる。制服さまのお通りだい、といった感じだ。制服集団による示威行動は、その規模が大きいほど効果的であろう。ただ、ヴィジュアル面でいえば、威圧的で近寄りがたいこわさが漂う。国会前を制服姿の高校生で埋めつくされたら、引いてしまうであろう。制服による統制が行き届いた規律から、「個」＝生身の人間＝主体性を見えにくくする。制服の思想において、大規模な制服集団が形成された場合、個を埋没させる危うさを感じてしまう。

コロナ禍など、まさに「予測できない変化」が制服にもふりかかる

そして、２０２０年である。

昨今では不良ファッションをすっかり見かけなくなった。「かわいい」制服は健在であり、今後も増えるだろう。ＡＫＢグループ系の「かわいい」はしばらく支持されそうだ。変形制服もかなり減っている。高校生は制服をめぐって教師と対決することはなくなった。ただ、それは喜ばしいことかといえば、そうは言い切れないと筆者は考える。制服に限らず、校則について教師の言うことにまったく疑問を抱かずそのまま受け入れてしまう。それでいいのだろうか。あまりにも受け身になりすぎると、自分でものを考える習慣が付か

なくなる。つまり、思考停止状態になってしまうことを危惧する。
じつは文科省は子どもたちが受け身ではなく、主体的に判断する、言い換えると自分でものを考える＝「生きる力」を身につける教育政策を打ち出してきた。中央教育審議会の答申をみてみよう。

「新たな価値を生み出していくために必要な力を身に付け、子供たち一人一人が、予測できない変化に受け身で対処するのではなく、主体的に向き合って関わり合い、その過程を通して、自らの可能性を発揮し、よりよい社会と幸福な人生の創り手となっていけるようにすることが重要である」
「様々な情報や出来事を受け止め、主体的に判断しながら、自分を社会の中でどのように位置付け、社会をどう描くかを考え、他者と一緒に生き、課題を解決していくための力の育成が社会的な要請となっている」
（「幼稚園、小学校、中学校、高等学校及び特別支援学校の学習指導要領等の改善及び必要な方策等について〈答申〉」平成28年12月21日）

いま、教育改革で採り入れられているアクティブ・ラーニングは、課題発見、問題解決能力を養い、「自分の頭で考える」力を育むことをめざしている。

また、2021年度からの大学入試制度改革は、「自分の頭で考える」を試すことを掲げている。それゆえ、頓挫したが、大学入学共通テストで記述式を課そうとしたわけだ。

いま、コロナ禍など、まさに「予測できない変化」がふりかかってきた。オンライン授業を余儀なくされ、自宅でパソコンに向かうとき制服を着るべきかどうか。久しぶりの通学だが感染防止を考えると毎日、同じ制服を着て大丈夫なのかどうか。「課題を解決」するためには、制服着用ひとつとっても柔軟に対応することが求められる。ルールから逸脱するようなことであっても、である。

こうした緊急措置をとれるか、素直で受け身ないまの高校生を見るといささか不安になる。制服着用方法で自分が正しいと思うことのために、たとえば衛生面で学校指定のワイシャツではなく市販のTシャツを着るとか、ときに教師＝学校と対決していい。制服の思想は宥和《ゆうわ》か対決かを迫られる。

経済格差、階層の問題を制服で解決すべきではない

学校側も生徒が「主体的に向き合う」ことについて期待している向きがある。制服着用の学校で自由化は議論されたことがあるか、また、生徒から自由化が求められたとき学校はどう対応するか。第1章で学校から寄せられた談話をもう一度、並べてみる。

「生徒を管理するような厳しい校則を見直して、最低限の校則としたそうです。そしてこの流れの中で、制服もなくしたらどうか、という意見が一部の教員から出たようです」（吉祥女子中学・高校）

「私服もまったく考えないわけでもなかった。教員のなかにもそのような意見を持つ先生がいました」（北海高校）

「もし本校の生徒が自分の頭でしっかり考えた上で制服の自由化を求めるようであれば、検討する価値は充分にあると考えています」（朋優学院高校）

「制服をなくすという事を議論したことはあります。生徒募集的にも私服派から支持さ

れるかもしれないという期待もありました」（西大和学園中学校・高校）

「これまで生徒会で制服の自由化が語られたことはあった。教員からも私服でもいいのではという意見が出たこともある」（渋谷教育学園幕張高校）

これは意外だった。学校側に管理的な側面はできるだけ取り除き、生徒の主体性を尊重しようという姿勢が見える。私服の伝統校、麻布、灘、東大寺学園などへの憧憬があることは、これらの学校関係者は正直に話してくれた。それはそれで、とても良いことだ。

一方で、学校にとって校則、制服はあまり触れられたくはないテーマであるようだ。今回、制服復活の学校について、話をうかがいたいとお願いしたところ、いくつかの学校から断られてしまった。当時の関係者がいない、という理由が多かったが、「とてもナイーブな問題」「まわりに迷惑がかかる」「つらかったので思い出したくない」という発言もあった。悲しかった。制服を導入するにあたって生徒から反発があり、思い出したくないという気持ちはわからないではない。だからといってタブー視するのは教育者としていかがなものか。どんなに大変な経験をしても、検証材料として制服復活までの経緯（議事録など）を公の文書としてまとめるべきである。それは次の時代の教育政策を考えるとき大いに参考になるはずだ。歴史を知らずして教育政策を講じることがないようにしてほしい。もちろん、制服復活に関する公の文書は公開する。

今回、たいへん驚いたことがある。制服自由化高校、制服復活高校のリスト（第3章、第4章）を作成するにあたって、全国の学校に制服の有無、制服の種類を問い合わせたところ、回答拒否がいくつかあった。「職員会議ではかって決めます」という信じがたい対応もある。これら取材拒否、調査回答拒否は圧倒的に公立高校が多かった。私立はどんな取材申し込みでも、広報として生かせるよいチャンスと捉える傾向がある。少子化でどう生き延び発展させるかを常に考えているからだろう。その点、公立は残念ながら悪い意味でお役所的対応から抜けきれない。制服の有無を答えるのに「主体的に判断」できない。こんなことで、生徒に「主体的に判断」する力を身につけさせることができるのか、と皮肉を言いたくなる。

制服問題というのはそれだけ根が深い、ということだ。

本書を執筆するにあたって、根が深く埋まってしまったことを掘り起こして、制服のあり方をさまざまな観点から問題提起したいと考えた。

筆者は制服着用学校の出身である。私服通学は頭の良さの証明ではないかと思い、そのコンプレックスから、制服自由化を求めていた。いまもまだ自由化に傾いている。具体的に言えば、制服、私服をいずれも選べるシステムを理想と考える。

そこから家庭の経済状況が可視化される、つまり、服装で貧富の差が顕在化するという懸念の声があがるだろう。「いつも制服を着ているのは、服を買えないほど貧しいから」と言われるということだ。こうした階層差は制服で見えなくしたところで、何ら解決したことにはならない、と考える。だが、格差問題にまで制服が関わってくるとは、制服の思想の奥深さを知ることができ、たいそう興味深い。

制服にはさまざまな思想が内在する。文化（最先端の流行、風俗）、政治（管理、統率のツール）、経済（格差の顕在化）、社会（犯罪、安心と安全）、科学（品質の技術革新）などだ。そういう意味で、これほど魅力的でおもしろいテーマはない。

私たちはこれまで何となく制服に袖を通してきた。制服とは無縁だった人もいよう。制服についてあまり深く考えてこなかったのは、受け身でありすぎたからだ。制服に関わる問題についてはもっと声をあげていい。たとえば、デザイン的にも機能面でもすばらしい制服は称賛していいし、夏は暑く冬は寒く見かけもださい制服にはダメ出ししていい。あらゆる分野、領域で多様化が進むなか制服の必要性を問いただしてもいい。

制服に対して議論が熱く交わされることを期待したい。

おわりに

教育論は少なくとも教育を受けた者の数だけ存在する。となれば、先人を含めると無数にある。数え切れない。

制服についても古今東西、語る者が半端ではないほどたくさんいる。

自分が着ていた制服が、どれだけ誰もがうらやむエリート然として誇らしかったか、いかにまわりをビビらせてケンカ上等を保てたか、どれほどアイドルのようにかわいくふるまえて楽しかったか。制服によってアイデンティティーを確立したような高校時代を送った者からすれば、嬉しそうに語れるテーマである。

一方、制服がいやでたまらなかった者は、アンチ制服論をエンエンとまくし立てるだろう。

制服がなかった高校生はどうか。自由や解放感を満喫した生活を自慢するだろう。もしかしたら自由さをもてあましての自堕落ぶりを懺悔《ざんげ》するかもしれない。
だから制服はおもしろい。

本書では制服の歴史をふり返っているが、そこには貧困、不良、政治活動、援助交際、アイドルが入り混じっている。戦後の高校史、大学受験史、若者史の一断面を描くことができたのではないかと自負している。

かつて長ランとボンタンでめいっぱい存在感を示した詰襟はブレザーにとって代わられ、その数は減り続けている。だが、しっかり生き続けている。襟の部分がやわらかく加工され、胸、背中、腕まわりの伸縮が利くようになったのだ。勉強しやすいように機能性が40年前、50年前に比べて格段に高められている。レトロな詰襟と最新のAKB風チェックスカートのツーショットは、案外、制服最先端なのかもしれない。

制服自由化論議もあるいは再燃するかもしれない。国が進めている教育政策＝主体的な判断ができるように、自分の頭でものを考えるように育んだことにより、高校生が制服のあり方を考えて考え抜いた末に、「必要なし」という結論を導いてしまい、制服廃止を訴えるかもしれない。それはそれで健全だと筆者は考える。

もう一つ、新しい動きが気になる。

本書で紹介した金沢大学附属高校、岐阜県立加納高校が暑さ対策で私服を認めた取り組みである。学校制服の歴史を振りかえると、「高校生らしさ」、管理、自由、機能性、おしゃれなどはずいぶん問われてきたが、生徒の健康管理という視点はそれほど重視されなかったように思う。服の素材は進化し通気性や保温性は良くなったが、猛暑や極寒をしのぐには限界がある。また、2020年に起こった新型コロナウイルス感染の予防では衛生的であることが求められたが、制服をしょっちゅう洗濯して衛生状態を保つのは不可能だった。近い将来、夏服として廉価で何十枚も買える「Tシャツ制服」が登場しても不思議ではない。いや、このほうが開襟ワイシャツよりは断然、良いと思う。

制服を考える上で重要なキーワードは、「生徒の主体的な判断」「健康管理と衛生」になるだろう。

制服については今後も目が離せないではないか。

本書を執筆するにあたって、森伸之さんの『東京女子高制服図鑑』(弓立社)、佐野勝彦さんの『女子高生　制服路上観察』(光文社)を何度も読み直した。先行観察、研究者に敬意を表したい。森さんから直接、多くをご教示いただいたのはありがたかった。お礼を申し上げたい。

また、各高校におかれてはコロナ禍でたいへんご多忙にもかかわらず制服について教えをいただいた。感謝したい。

高校を取材するにあたっては、武蔵大学の糸井明日香さんに大変お世話になった。そして、編集を担当していただいた朝日新聞出版書籍編集部の大崎俊明氏に数多くのわがままに付き合っていただきお世話になった。大崎氏がいなかったら本書は誕生しなかった。あらためてお礼申し上げたい。

本書を読まれた方は、これからも制服のことを頭の隅にとどめておき、ときおりフォローしてほしい。新しい発見があるはずだ。

小林哲夫

2020年9月

年史』(2001年)、松山東『創立120周年記念 松山東高等学校十年史』(1998年)
＜福岡＞小倉『創立八十年史』(1988年)、修猷館『修猷館二百十年記念誌』(1996年)、筑紫丘『福岡県立筑紫丘高等学校　創立七十周年記念誌』(1997年)、伝習館『創立百六十周年・県立移管九十周年　記念誌』(1984年)、東筑『東筑百年史』(1998年)
＜佐賀＞佐賀西『栄城 創立120周年記念誌』(1996年)
＜熊本＞熊本『熊中・熊高八十年史』(1986年)、濟々黌『濟々黌百年史』(1982年)、
＜大分＞大分上野丘『上野丘百年史』(1986年)、別府鶴見丘『春秋75周年記念誌』(1985年)
＜宮崎＞宮崎大宮『大宮高校百年史』(1991年)
＜鹿児島＞加治木『百年誌　龍門』(1997年)、甲南『創立九十周年記念誌 甲南』(1998年)、鶴丸『創立百年』(1994年)
＜沖縄＞首里『養秀百年』(1980年)

(2001年)、茨木『百年史』(1995年)、岸和田『岸和田高等学校の第一世紀』(1997年)、北野『北野百年史―欧学校から北野高校まで―』(1973年)、四条畷『畷百年史』(2006年)、泉陽『泉陽高校百年』(2001年)、天王寺『桃陰百年』(1996年)、富田林『八十年史』(1981年)、三国丘『三丘百年』(1995年)、信愛女学院『信愛百年 遥かなる光への道』(1984年)、桃山学院『桃山学院100年のあゆみ』(1984年)

＜兵庫＞伊丹『伊丹高校百年史』(2002年)、柏原『柏原高校百年史』(1997年)、神戸『神戸高校百年史』(1997年)、星陵『兵庫県立星陵高等学校五〇周年記念誌』(1991年)、龍野『龍野高等学校百年史』(1997年)、長田『兵庫県立長田高等学校　創立七十周年記念誌』(1990年)、西宮『80年のあゆみ』(1999年)、姫路西『姫中・姫路西高百年史』(1978年)、兵庫『創立90周年記念誌』(1998年)、関西学院高等部『関西学院高中部百年史』(1989年)、灘『五十周年記念誌』(1997年)

＜奈良＞畝傍『畝高七十年史』(1967年)

＜和歌山＞桐蔭『和中開校百年桐蔭開校三十周年記念誌』(1978年)

＜鳥取＞倉吉東『創立八十年誌』(1988年)、鳥取西『鳥取西高百年史』(1973年)、米子東『創立百周年記念誌』(2000年)

＜島根＞浜田『創立百周年記念沿革史』(1993年)、松江北『松江北高等学校百年史』(1976年)

＜岡山＞岡山操山『創立百年史』(1999年)、津山『津山高校百年史』(1995年)

＜広島＞広島大学附属『創立百年史』(2005年)、広島大学附属福山『広島大学附属福山中・高等学校 創立50周年記念誌』(1999年)、広島国泰寺『広島一中・国泰寺高百年史』(1977年)、広島皆実『悠久のまこと　皆実有明九十年史」』(1991年)、福山誠之館『誠之館百三十年史』(1988年)

＜山口＞下関西高同窓会『旭陵史　創立七十五周年記念誌』(1994年)

＜徳島＞徳島城南『徳島中学校・城南高校百年史』(1975年)

＜香川＞高松『高松高校百年史』(1993年)

＜愛媛＞今治西『愛媛県立今治西高等学校 創立100周年記念誌 百

『とびらの向こうに　品川女子学院創立のあゆみ』(1996年)、頌栄女子学院『頌栄女子学院百年史』(1984年)、立教女学院『立教女学院百年史』(1978年)、早稲田『百年の軌跡』(1995年)

＜神奈川＞川崎『神奈川県立川崎中学校・高等学校六十年史』(1987年)、希望ケ丘『神中・神高・希望ケ丘高校百年史』(1998年)、湘南『湘南70周年記念誌』(1991年)、横浜翠嵐『創立70周年記念翠嵐時報縮刷版』(1984年)、横浜平沼『創立百周年記念誌』(2000年)、横浜緑ケ丘『横浜三中・三高・緑高70年の歩み』(1993年)

＜山梨＞甲府一『百年のあゆみ』(1991年)

＜長野＞上田『上田高校百年史』(2000年)、上田染谷丘『創立八十周年記念誌』(1981年)、長野『長野高校百年史』(1999年)、松本深志『深志人物誌』(1987年)

＜新潟＞新潟『青山百年史』(1992年)

＜富山＞高岡『高岡中学・高岡高校百年史』(1999年)、富山中部『神通中学校・富山中部高校五十年史』(1970年)

＜石川＞金沢泉丘『金沢一中泉丘高校百年史』(1993) 金沢二水『二水新聞(縮刷版)』(1998年)

＜福井＞藤島『福井県藤島高等学校百年史』(1956年)

＜岐阜＞岐阜『岐高百年史』(1973年)

＜静岡＞掛川西『掛中掛西高百年史』(2000年)、沼津東『沼津中学沼津東高百年史』(2001年)、浜松北『浜松北高百年史』(1994年)

＜愛知＞旭丘『鯱光百年史』(1977年)、岡崎『愛知二中・岡崎中学岡崎高校九十年史』(1987年)、時習館『創立100周年記念誌』(1995年)

＜三重＞宇治山田『宇治山田高等学校創立百周年記念誌』(1999年)、桑名『創立九十周年記念誌』(1998年)、津『あゝ母校　三重県立津高等学校創立百周年記念誌』(1980年)

＜滋賀＞膳所『百年史』(1998年)、彦根東『彦根東高百二十年史』(1996年)

＜京都＞洛北『京一中洛北高校百年史』(1972年)、鴨沂『鴨沂新聞』(複刻版1998年)

＜大阪＞池田『池田五十年史』(1990年)、和泉『和泉高校百年誌』

＜秋田＞秋田『秋高百年史』(1973年)

＜山形＞鶴岡南『鶴岡南高等学校百年史』(1994年)、山形東『山形東高等学校百年史』(1987年)、米沢興譲館『興譲館のあゆみ』(1976年)

＜福島＞会津『会津高校百年史』(1991年)、安積『安中安高百年史』(1984年)、磐城『創立百年』(1996年)、福島『福高百年史』(1999年)

＜茨城＞土浦一『創立百周年記念誌　進修百年』(1997年)、日立一『白堊七十年のあゆ美』(1997年)、水戸一『水戸一高百年史』(1975年)

＜栃木＞宇都宮『百年誌』(1979年)、宇都宮女子『120年史』(1996年)、栃木『栃高百年史』(1996年)

＜群馬＞高崎『高崎高校百年史』(1998年)、高崎女子『高女九十年史』(1989年)

＜埼玉＞浦和『百年誌　銀杏樹』(1995年)、浦和第一女子『百年誌　麗・ゆうかりとともに』(2000年)、春日部『春日部高校100年史』(1999年)、川越『百周年記念誌 くすの木』(1999年)、熊谷『熊谷高校百周年記念誌』(1995年)、慶應義塾志木『志木高五十年』(1998年)

＜千葉＞千葉『創立百年』(1979年)、千葉女子『創立百周年記念誌』(2001年)

＜東京＞筑波大学附属『創立百年史』(1988年)、国立『国高五十年史』(1991年)、小石川『立志・開拓・創作―五中・小石川高の七十年』(1988年)、駒場『都立駒場高等学校創立80周年』(1982年)、石神井『石神井の五十年』(1992年)、竹早『創立百周年記念誌 竹早の百年』(2003年)、立川『玲瓏 東京都立立川高等学校創立一〇〇周年記念誌』(2001年)、戸山『府立四中都立戸山高百年史』(1988年)、西『西高の50年　創立五十周年記念誌』(1988年)、白鷗『百年史』(1989年)、日比谷『日比谷高校百年史』(1979年)、両国『両国高校百年誌』(2002年)、麻布『麻布学園の100年』(1995年)、吉祥女子『吉祥四十年史』(1978年)、慶應義塾『五十年』(1998年)、恵泉女学園『恵泉女学園五十年の歩み』(1979年)、品川女子学院

（森伸之、内田静枝　河出書房新社　2019年）
『反戦派高校生』（竹内静子　三一書房　1970年）
『日比谷高校闘争と一教員・生徒の歩み』（大河原礼三　現代書館　1973年）
『府立高等学校における紛争の情況について』（大阪府教育委員会　1969年）
『平成女子校制服クロニクル』（森伸之　河出書房新社　2019年）
『むかし〈都立高校〉があった』（奥武則　平凡社　2004年）
『妖怪の群れ　仙台一高闘争'69－'72』（1973年）
『'69年希望ケ丘高校闘争の記録』（紙谷典明、69資料の会　1983年）
『若葉出づる頃―新制高校の誕生』（関千枝子　西田書店　2001年）
『われら新制高校生―戦後教育の原点を検証する』（教育の明日を考える会　かもがわ出版　1999年）

●雑誌、専門誌

「週刊朝日」「サンデー毎日」「朝日ジャーナル」「週刊読売」「週刊文春」「週刊新潮」「週刊現代」「週刊サンケイ」「週刊時事」「情況」「現代の眼」「ジュリスト」「高校生活指導」「教育心理学研究」「月刊高校教育」「月刊教育の森」「進学レーダー」「時事通信・内外教育版」

●学校史、学校新聞

＜北海道＞旭川東『創立一〇〇年誌』（2004年）、小樽潮陵『潮陵百年』（2003年）、札幌西『創立90周年・定時制80周年 記念誌』（2002年）、札幌南『百年史』（1997年）、函館中部『函中百年史』（1995年）、北海学園『北海百年史』（1987年）、
＜青森＞青森『青森高校百年史』（2003年）、八戸『春秋大杉平　八中八高の百年』（1993年）、弘前『鏡ヶ丘百年史』（1983年）
＜岩手＞盛岡第一『白堊校百年史』（1981年）
＜宮城＞仙台一『仙台一中、一高百年史』（1993年）、仙台二高『仙台二中二高百年史』（2000年）、宮城第一『一女高百年史』（1997年）、仙台二華『二女高百年史』（2005年）

おもな参考文献

●書籍

『一部高校生の〝政治″活動について』（東京都高等学校教職員組合　1969年）
『改革の炎は消えず』（千葉県立東葛飾高校教師集団　高校生文化研究会　1973年）
『学制百年史』（文部省　1972年）
『学校制服の文化史　日本近代における女子生徒服装の変遷』（難波知子　創元社　2012年）
『近代日本学校制服図録』（難波知子　創元社　2016年）
『高校生の自主活動と学校参加』（日高教高校教育研究委員会　旬報社　1998年）
『高校生は反逆する』（平栗清司　三一書房　1969年）
『高校生奮戦記―高知の高校生』（杉本恒雄　三一書房　1962年）
『高校生四五〇万の叛乱』（稲垣真美　講談社　1970年）
『高校における政治的教養と自主的活動』（国民教育研究所編　明治図書出版　1970年）
『高校紛争』（柿沼昌好、永野恒雄、田久保清志　批評社　1996年）
『高等学校の社会史』（門脇厚司、飯田浩之　東信堂　1992年）
『男女共学制の史的研究』（橋本紀子　大月書店　1992年）
『女子高生　制服路上観察』（佐野勝彦　光文社　2017年）
『女子高制服図鑑 首都圏版―神奈川・千葉・埼玉』（森伸之　弓立社　2000年）
『女子校制服手帖』（森伸之　河出書房新社　2018年）
『セーラー服の社会史 大阪府立清水谷高等女学校を中心に』（井上晃　青弓社　2020年）
『戦後地方教育制度成立過程の研究』（阿部彰　風間書房　1983年）
『〝戦闘集団″を自任する高校生　浸透する学生集団の影響』（警察庁　1969年）
『東京女子高制服図鑑』（森伸之　弓立社　1985年）
『ニッポン制服百年史　女学生服がポップカルチャーになった！』

小林哲夫 こばやし・てつお
1960年神奈川県生まれ。教育ジャーナリスト。教育、社会問題を総合誌などに執筆。著書に『シニア左翼とは何か』『早慶MARCH』(ともに朝日新書)、『大学とオリンピック 1912-2020』(中公新書ラクレ)、『高校紛争 1969-1970』(中公新書)、『東大合格高校盛衰史』(光文社新書)、『神童は大人になってどうなったのか』(太田出版)、『女子学生はどう闘ってきたのか』(サイゾー)など多数。

朝日新書
788

学校制服《がっこうせいふく》とは何《なに》か
その歴史と思想

2020年10月30日第1刷発行

著者 小林哲夫

発行者 三宮博信
カバーデザイン アンスガー・フォルマー 田嶋佳子
印刷所 凸版印刷株式会社
発行所 朝日新聞出版
〒104-8011 東京都中央区築地5-3-2
電話 03-5541-8832(編集)
03-5540-7793(販売)

Published in Japan by Asahi Shimbun Publications Inc.
ISBN 978-4-02-295090-1
定価はカバーに表示してあります。
落丁・乱丁の場合は弊社業務部(電話03-5540-7800)へご連絡ください。
送料弊社負担にてお取り替えいたします。